八方良し
“しあわせのかたち”は
八角形がちょうどいい

大西慎也
Shinya Onishi

F フローラル出版

序章

「気持ちをラクにする」ために必要な、たった一つのこと

環境に左右されず「楽しく生きられる」ほうがいい

あなたは「仕事を辞めたい」「会社に行きたくない」と思ったことはありますか？

厚生労働省の調べによると、新卒者の三割以上は入社後三年以内に辞めてしまうのだそうです。本書を手に取られた方の中にも、仕事を辞めた経験がある方や、今まさに辞めようかどうか悩んでいる方、今すぐでなくてもいつかは転職したいと思っている方がたくさんいると思います。

私が経営する〈株式会社八角《はっかく》〉でも、昔はめちゃくちゃ人が辞めていました。三割どころか半数以上の人が入社後三年以内に辞めていました。もともと飲食業界は離職率が高いということもありますが、それ以上に、昔の八角は「ずっと働きたい」とは思えない職場だったからでしょう。そのこと私自身大いに反省しています。

人が会社を辞めてしまうのは、ほとんどの場合「人間関係」か「待遇」のどちらか

に不満があるからです。ごくまれに「ほかにやりたいことが見つかった」といったポジティブな理由で辞める人もいますが、それは例外中の例外で、大多数の人は「ここではもう働きたくない」と見かぎって辞めていくのです。

嫌なことから逃げるのは、必ずしも悪いことではありません。我慢しすぎてメンタルを壊してしまうくらいなら、さっさと見切りをつけて次にいくほうがずっと合理的な場合もあると思います。

ただ、仕事を辞めたからといって、事態が好転するとはかぎりません。転職活動はしんどいものだし、再就職先が見つかったとしても、実際の雰囲気は入ってみなければわかりません。新しい職場でゼロから人間関係をつくっていった結果、「前のほうがマシだった」というのもよくある話です。

おまけに転職を繰り返しているとスキルや経験が蓄積されないので、いつまでたっても半人前で、評価も給料も上がりません。安心や安定を求めて転職したはずなのに、真逆の方向に自分を追い込んでしまいます。

だから、あなたが**もしも今、人間関係に悩んでいるのなら、退職などという極端なことを考える前に一度、本書が教える「人間関係をよくする方法」を試してみてほし**

いのです。

人間関係が悪化する原因は、十中八九がコミュニケーション不足です。腹を割って話し合い、お互いの考えや気持ちを伝え合うことができれば、職場の人間関係は間違いなく改善します。

「そんな簡単な話じゃない！」と思うかもしれませんが、これはまぎれもない事実なのです。

私が経営する八角も、昔は離職率がとんでもなく高かったのですが、ある施策によって「人間関係をよくする方法」を展開したところ、状況は劇的に改善し、めったに人が辞めない会社になりました。職場の風通しがよくなり、人間関係での悩みがなくなったことで、辞める必要がなくなったのです。

では、どうすれば人間関係はよくなるのでしょうか？　職場の人たちとうまくやりながら「楽しく、ラクに働く」ためには何が必要なのでしょうか？

実は、**人間関係をよくする方法は拍子抜けするほど簡単です。**誰にでもできる、あるシンプルな「サイクル」を実践していくだけ。たったそれだけで人間関係は驚くほど改善し、今よりもはるかに居心地のいい環境で働けるようになるのです。

「自分の幸せのため」と考えることがモチベーションにつながる

人間関係をよくするサイクルを実践する前に、一つ約束してほしいことがあります。それは、**「会社のため」や「社長のため」ではなく、あくまでも「自分のため」に取り組んでほしいのです。**

「社長のためにがんばります！」と言ってくれる社員もいます。こうした利他の精神は接客業に関わらず、社会の中で生きるためには欠かせない大切な気持ちです。なので、その気持ちを否定するわけではありません。ですが、「社長のためにがんばろう」という気持ちだけでは、組織の中でのルールや人間関係において不満を感じ、思い通りにならないことがあれば気持ちが途切れてしまうこともあるでしょう。なので、このモチベーションはあまり長続きしないといえます。

反対に「自分が給料をもらうため」という動機は強力です。なぜなら、お金は自分の人生を豊かにするためのツールであり、自身の目標や目的を明確にイメージしやすいからです。就活の面接ではNGワードかもしれませんが、結局のところ、それが一番のがんばる原動力になります。

だから私は、社員が「自分のためにがんばろう」と思える環境づくりに力を入れています。なので、私の会社では中規模の飲食企業としては珍しく退職金制度を導入し、若いうちから六〇歳まで働けば、最低一〇〇〇万円は支給されます。ただし、会社がつぶれたら退職金はもらえません。途中で辞めても目減りします。一〇〇〇万円の退職金を満額で受け取るためには、定年までがんばって働く必要があります。

社員が「自分のため」にと思ってがんばってくれることは、会社にとっても本人にとってもいいことです。Ｗｉｎ―Ｗｉｎと言いたいところですが、やはり一番得をするのは本人だと思います。

がんばって仕事をすれば、まずは周りから「がんばる人」と一目置かれるようになるでしょう。そして、仕事に懸命に向き合うことでおのずと仕事に関する能力も上がり、周囲の評価も高まります。すると人間関係でストレスを感じることが減り、居心地よく働けるようになります。そうなると腰を据えて長く働くことも難しくはありませんし、給料も上がり、生活も安定するのでいいことしかありません。

もちろん一つの会社で長く働くことだけが正解ではありません。今よりもっとステップアップするために、転職したり、独立して起業したりするのもすばらしい選択だと思います。私は元来、そういう野心ある若者を応援するのが好きで、社員の独立を積極的に支援していた時期もありました。

ただ、この十数年で若い人たちの価値観は大きく変わりました。最近の若者は安定志向と言われますが、本当にその通りで、独立したいとか、成功したいとか、金持ちになりたいといった夢を語る人はめっきり減ってしまいました。

そんな変化を寂しく感じていましたが、若手社員たちと接するうちに、私の考えも変わってきました。

若い世代が「気楽な人間関係のもとで安定的に働きたい」と願うのなら、その願いに応えよう。それも、ただ安定して働けるだけではなく、心地よい人間関係の中で楽しく働いて稼いでもらおう。つまり、待遇と人間関係の両方を良くしていくことが、社長である自分の役目だと考えるようになったのです。

このように考えを切り替えて数年が経ちました。今の社員は本当に長続きするようになったし、「自分のため」を出発点として「自分のためにも職場を盛り上げよう！」という現実的な目標を持ってくれるようになったのは望外の喜びです。

「ご褒美」はあとではなく、先取りしよう

ビジネス書や自己啓発書には、やる気を奮い立たせる効果があります。モヤモヤしていた悩みが言語化され、やるべきことが明確になり、すぐにでも動き出したい気持ちになります。

ところが「やろう」という気持ちはあるのに、いざ実践という段になると、とたん

に足が重くなる人も少なくありません。

「いい方法だとは思うけれど、自分に合うかどうか……」

「今日は用事があるから、来週からはじめよう」

そんな言い訳でスタートを先延ばしにしていると、せっかくのやる気がどんどん目減りしていきます。

どんなに優れたノウハウでも、頭の中に知識として収納しておくだけでは意味がありません。この本も、ただ読んで満足するのではなく、得られた知識を日々の仕事や生活の中で実践し、より良い人生を手に入れてほしいという気持ちで書いています。

とはいえ、新しいことに挑戦するのは勇気がいることだし、面倒くさいと思ってしまう気持ちも理解できます。

そんなときは、まず「ご褒美」からはじめることをおすすめします。

私は、自分で自分にご褒美を贈るのが大好きです。大きな仕事が終わったときは、必ず自分へのご褒美として好きなブランドの新作を買います。すると、それを見るたびに「またがんばろう！」と意欲がわいてきます。本来「ご褒美」といえば、こうして何かを達成した際に得るものと考える人が多いと思います。ですが、新しく何かをはじめるのが苦手な人は、「ご褒美の先取り」が効果的です。なので、まずはご褒美を思い切って先に買ってしまいましょう。それも、できれば少し無理をして、普段は手を出さないようなグレードの高い品に先行投資するのです。

高価なご褒美を買うメリットは、大きく三つあります。

まず一つ目は「買ったからにはやらなければ！」という気持ちになり、動き出すきっかけができます。

動き出したら動き出したで、大変なことや、思いがけない苦労に直面することもあるでしょうが、お気に入りのアイテムを見れば「がんばろう」と前向きなパワーがわいてきます。落ち込んで足が止まりそうなときに背中を押してもらえることが、二つ目のメリットです。

そしてまた、普段なら買わないような、ちょっと無理をして手に入れたワンランク上のアイテムは、自分を成長させるきっかけにもなります。たとえばご褒美として高級ブランドの品を手に入れて身につけると、自分もそのブランドにふさわしい人間にならねばという意識が芽生えて、よりいっそうがんばれるようになるのです。これが三つ目のメリットです。

今の自分に自信が持てなかったり、お金に余裕がなかったりするときは節約志向になりがちですが、それではパワーがわいてきません。新しい自分になるためには、何かしら自分に投資してパワーを得る必要があります。

自己投資にもいろいろあります。セミナーへの参加、スクールに通って勉強する、ひたすら仕事に打ち込む、健康のためにジムに通う……そして自分にご褒美を買うのも、一種の自己投資といえます。その中でも私が**「ご褒美作戦」を推すのは、苦しい努力をせずとも確実にリターンを得られる**という、最も簡単で効率的な方法だからです。

今がつらい人にほど、効果はすぐにあらわれる

本書を手に取られた方の多くは、おそらく今の仕事やプライベートにおいて何らか

の問題を抱え、そこから脱出したいと思っているのではないでしょうか。

そういうときは**「自分はダメだ」「自分なんて他人の何倍も努力しないと成果を出せないだろう」という思考回路に陥りがちですが、その認識は正しくありません。**

なぜなら、すべてがダメということはないからです。

ダイエットをイメージするとわかりやすいでしょう。ある程度身体の細い人が「もっと絞りたい」と思っても、そこからさらに痩せるのは難しい。食事制限やら運動やら、あれこれがんばって一キロ落としたとしても見た目はそこまでは変わらないから、他人に気付かれることもなく、自己満足も得られません。

一方、体重が一〇〇キロある人なら、一〇キロ単位で落とすことも十分に可能です。それも、極端なダイエットなんかしなくても、ご飯のお代わりを減らす、一日三〇分ウオーキングをするなど、ほんの少しの努力でも数キロは痩せられます。すると周囲から「がんばっているね！」と言ってもらえるので、ますますダイエットに精が出るというわけです。

以前、私はある神社で「水占《みずうら》みくじ」を引いたことがあります。水占みくじというのは、引いた時点ではただの白紙。しかし、ご神水に浸すことで文字が浮かび上がり結果がわかるといった趣向のおみくじで、物珍しさにひかれて試してみると、浮かび上がってきたのは、なんと「凶」の文字――。

落胆して「うわっ、凶やわ～」と話していたら、知らないおばちゃんが「兄ちゃん、大丈夫やで。凶は上に上がるしかないいんやから、これより下に落ちることはないんやから、ガッカリせんといて」と声をかけてくれました。

言われてみれば一理ある話で、大吉を引いてしまったら、あとは落ちるばかりでそれより上には行けないけれど、凶には上しかない。私はおばちゃんの一言のおかげで気分が良くなって「凶でよかった」とまで思えるようになりました。早くもその時点で、凶を引いたときよりも気持ちは上向きになったわけです。

人生や仕事、プライベートもこれと同じで、今が順風満帆な人よりも、うまくいっていないと感じている人のほうが、状況をグンと改善できる伸びしろを持っています。本書で伝えるノウハウも、文句なしの人間関係の中にいる人が実践しても、そこまで劇的な効果は感じないかもしれませんが、今まさに人間関係やコミュニケーションに行き詰まりを感じている方には、必ずや突破口をお示しできると思います。

なぜなら私自身の経験であることはもちろんのこと、実際に私が経営する会社で働く社員がそうだったからです。

努力家で仕事もできるけれど、部下や後輩を使うのが下手な人。

まじめで誠実なのに、周囲からは軽く見られがちな人。

普通にしているだけで「偉そうだ」と言われてしまう人。

そんなふうに十人十色の悩みを抱えていた社員たちも、本書のノウハウを実践することで、周囲と良好な人間関係を築けるようになっていきました。

この本では、難しいことは書きません。

そこまで面倒なことも求めません。

だからどうか**最後までお読みいただき、「幸せな人間関係のつくり方」を実践してみてください！**

contents

序章 「気持ちをラクにする」ために必要な、たった一つのこと

第1章 あらゆる悩みは「伝え力」不足が原因

第2章

「伝え力」があれば、ずっと楽しく働ける

第3章

まわすだけで伝え力が高まる「八角形サイクル」

第4章　人に「寄り添う」とは、相手を知るということ

第5章 自分も相手も幸せにする、魅力的な「伝え方」

第6章

幸せな人間関係が生まれる「八角校」のシステム

ブックデザイン……bookwall
イラスト……山岸あゆみ
編集協力……武政由布子
阪井真有
校正……大熊真一

第1章

あらゆる悩みは「伝え力」不足が原因

「人間力」「魅力」「コミュ力」って、つまり何？

自分で言うのは気が引けますが、私は人とのコミュニケーションがうまいほうで、子どものころから誰とでも仲良くなれるタイプでした。小中学生の男子というのは、だいたいまじめグループとやんちゃグループに分かれるものですが、私はその両方とうまくやっていました。自分自身はまぎれもなくやんちゃグループの一員だったけれど、同級生で一番の秀才だった子ともよく遊び、高校受験のときにはその人に家庭教師になってもらったくらい仲良しでした。

こんな話をすると「コミュ力が高い人には人間関係で悩む人の気持ちなんてわからないだろう」と思われるかもしれませんが、私は逆だと思っています。

コミュニケーション力というのは、天性のものではなく経験によって培われるものです。少年時代の私は、はたから見れば何の苦労もなく友達付き合いをしているように映ったかもしれないけれど、子どもなりに友達の反応や表情を観察して、相手の趣味や性格に合わせて口調や話題を変えて話していました。当時はそんな自覚はなかったけれど、私が誰とでもうまくやれる子だったのは、無意識のうちにそうした対人ノウハウを習得・実践していたからにほかなりません。

しかし、そもそも「コミュニケーション力」とはいったい何なのでしょうか？

コミュニケーション力だけではなく「人間力」や「魅力」など、ビジネスの世界には意外にフワッとした言葉があふれています。これらの言葉は就職活動や人事評価でも使われるし、ビジネスマン同士の何気ない会話でも「あの人はコミュ力がある」とか「どこそこの社長は人間力で持っている」なんて会話が交わされたりします。書店のビジネス書・自己啓発書のコーナーには「人間力を高める方法」や「魅力ある営業マンになるには」といったテーマの本がズラリと並んでいます。

実をいえば本書だって、ものすごく簡単に要約すれば「自分の魅力／人間力を高める方法を伝える本」ということもできます。

私が考えるに、**人間力、魅力、コミュニケーション力というのは「良好な人間関係を築く力」にほかなりません。**「人間力が高い人」「魅力がある人」「コミュ力が高い人」

というのは、要するに「どんな人とでもうまくやれる人」なのです。

では、良い人間関係を築ける人とそうでない人の違いはどこにあるのでしょうか？

それは「伝える力」のあり・なしです。

周囲の人々に、何かしらの事実や、自分の考え、アドバイスなどを上手に「伝える」ことができれば、人間関係は驚くほど変わります。私が子どものころから人付き合いがうまかったのは、伝えるための努力を人並み以上にしてきたからだと自負しています。

伝えるべき内容を選び、相手の性格に合った言い方で伝えることができれば、相手は必ずこちらに好意を持ってくれます。のみならず、相手に「伝える秘訣」を知ってもらうことで、コミュニティ全体の「伝え力」が底上げされて、誰もが心地よく過ごせる場ができていくのです。

上司に叱られるのも、部下に好かれないのも、成績が振るわないのも、根っこは同じ

離職率が高かったころ、社員から「辞めたいと思っている」と打ち明けられることも多々ありました。

私は辞めたいという人を引き留めることはしませんが、理由は聞くようにしています。理由がわかれば、その人に少しでも役立つアドバイスができるかもしれないし、今後の会社運営をどう変えていけばいいかなどのヒントも得られるからです。聞いたところで正直に言ってくれる人ばかりではないものの、中には「会社のここが嫌だった」などと率直に打ち明けてくれる人もいます。

ある社員は、辞めたい理由を「自分の意見が通らないから」と教えてくれました。仕事のやり方や働き方などについて「こうしたい」という意見や希望を伝えても、店長も先輩も全然聞き入れてくれない。それどころか「文句ばっかり言ってないでマジメに働け！」と頭ごなしに叱られることさえある。そんな人たちとはもう一緒に働け

ない、というのです。

では、彼の意見はなぜ通らなかったのでしょうか？

くわしく聞いてみると、その社員は周囲の人とほとんどコミュニケーションを取れていませんでした。会話は必要最小限で、たまに「こうしたい」という意見を言うことはあっても、なぜそうしたいのか、どうしてそれが必要かなど、伝えるべきことを伝えていなかったのです。だから上司や先輩も本気にせず、軽くあしらっていたのでしょう。

一対一で向き合って聞いてみれば、彼の意見には「それはもっともだ」と納得できる部分もあれば、「それは違うんじゃないかな」という部分もありました。ここで見えてくる問題は、私が受け取った彼の意見は、到底聞き入れることのできない無理難題ではないし、ただの文句でもなかったという点です。ということは、上司に対して、伝えるという行動が正しく相手に伝わる形であったのなら「これは無理だけど、こっちはいいよ」という的確な返答が得られたはずです。つまり、彼が上司に伝えたかったことの本質は、的確な返答が得られる意見であり、ただの「文句」として扱われることのないものです。それどころか、上司に対して職場に関する問題の把握と、それを改善するための気付きを与えるものとなっていたでしょう。

これはとてもくやしいことです。伝えきれていないことに気付かず、「上司はわかってくれない」という思いを抱え、こんな上司のいるところでは働けない、働く意味を感じられないから、辞めざるを得ないという結論に至ってしまうのですから。

わかってくれないからといって「わかりあえない」という壁を立ててしまえば、お互いにとって有益な関係性をつくり出す機会をなくすどころか、**上司や部下という関係性の前に、人として理解し合えなくなってしまいます。**これでは、人間関係は変わりません。

相手がわかってくれないのなら、なぜわかってもらえないのかを考えて、わかってもらえるように伝え方を工夫する。それができないかぎり、転職して新しい職場に行っても状況は改善せず「わかってもらえないから辞める」といったことを繰り返すことになるでしょう。

「伝える力」が不足していると、いろんな場面で損をしてしまいます。

もっともな意見、正当な理由があったとしても、相手にしっかりと伝わらなければ誤解されてしまう。

そうなると「話しにくい」「何を考えているのかわからない」と意図もしないレッテルを貼られ、だんだんと孤立する。

理解してくれる人や助けてくれる人がいなくなると、新しいノウハウや知識を学ぶ機会が減ってしまう。

結果として成績も伸び悩み、ますます評価が低くなる——往々にしてそんな悪循環に陥ってしまうのです。

この絶望的な負のループから抜け出すには「伝え力」を磨くほかありません。

伝えたい意見や要望がある場合、一度や二度くらい跳ね返されても、焦らず、腐らず、引っ込めず、**どうすれば相手に伝わるのかを考えて何度でもチャレンジする。**それができたら、職場での人間関係、家族や友人との付き合いといったプライベートな領域でのトラブルもなくなるといっても過言ではありません。

そうはいっても、中にはもちろん「言いにくい相手」というのは存在します。〝圧〟が強くて、他人の意見など知るもんかという人が相手だと、言いたいことがあっても引っ込めざるを得なくなったりします。前出の「自分の意見が通らないから辞める」といった彼の上司（店長）にあたる人間は、人の意見に聞く耳を持たないワンマンタイプであり、一度は意見を伝えてみたものの無下にされ、その後は考えがあっても言えなかったと打ち明けてくれました。

このケースでは、店長側にも改善すべき点があります。何もかも自分の思い通りに動かそうとするのではなく、部下やスタッフに寄り添い、意見や提案に耳を傾けるべきでした。そして、このときの反省を生かし、現在、八角では「上司からの歩み寄り」を重視した社員教育に努めています。

しかし、それはそれとして「どんなタイプの相手にも自分の意見が伝わる」というスキルが身につけば、それはとてつもなく大きな武器になります。

そこで本書の後半では「相手の性格（タイプ）に応じた伝え方」についても伝授していきます。あなたが苦手とする上司や、手を焼いている部下との接し方だけではなく、身の回りにいる扱いづらい人との関わり方もわかりますので、どうぞ後半も楽しみにしていてください。

「相手が求めている情報」を伝える意味

人との距離を縮める第一歩として、手ごろで身近なのはなんといっても「雑談」でしょう。私の経験上、店長とバイトが和気あいあいと雑談している店舗ほど人間関係がよく、バイトを含めた離職者が少ない傾向にあります。

ただ、職場で評価を得たいと思うなら、雑談だけではいけません。いくら雑談で仲良くなって「おもしろいやつ」「話しやすいやつ」と思われたとしても、そればかりでは「おもしろいけど、仕事はそこそこのやつ」という評価に落ち着いてしまいます。若いうちはそれでよくても、年齢を重ねるにつれてどんどん居心地が悪くなってしまうものです。

なぜなら、職場の人間関係というのは、当然のことではありますが仕事を介しての関係という前提があります。なので、単に「気が合う」「話していて楽しい」だけではダメで、「この人と一緒に働きたい」と思ってもらう必要があります。

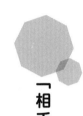

一緒に働きたいのはどんな人かといえば、部下なら「マネジメントしやすい人」、上司なら「自分を成長させてくれる人」、取引先なら「役立つ情報をくれる人」でしょう。だからあなたも、部下には成長につながる情報を、上司にはマネジメントに必要な情報を、顧客や取引先に対しては儲けにつながる有益な情報を伝えるのです。

マネジメントに必要な情報とは、部下である自分の現状、希望、不満などです。これをきちんと伝えておかないと、上司はあなたをどう扱っていいのかわかりません。仕事をもっと任せればいいのか、それとも助けてあげたほうがいいのか、今の職種をきわめたいのか、将来的には別部門に挑戦したいのか――。それがわかれば、すべての希望を叶えることはできなくても、なるべく希望に近づけるように道筋を整えてくれるはずです。あるいは仕事や人間関係についての不満なども、胸のうちにため込んでいては何も解決しませんが、上司に相談すれば何らかのアクションを起こしてもらえる可能性が出てきます。

部下に伝えたいのは、成長につながる情報です。部下がいるということは、あなたもそれなりのキャリアを積んできたはずです。新人時代から今に至るまで、どんな困難に直面し、どうやって乗り越えてきたのか、どのように新しい知識・技術を身につけたかなどを、武勇伝や自慢話としてではなく、相手の成長を手助けするノウハウとして伝えてあげましょう。

顧客や取引先に伝えるべきものは、自社の利益を度外視した、相手にとって有益な情報です。たとえばあなたが調味料メーカーの営業で、顧客から「いま新メニューを開発している」という話を聞いたとして、「我が社の調味料を使ってみませんか？」と売り込むようでは半人前――。たとえ自社商品の売上には直結しなくても「競合ではこんなメニューがウケているみたいですよ」「最近テレビで見たんですが、こういうのはどうでしょう？」など、相手が必要としているであろう情報を伝えてあげる。そうすれば「この人は本気で当社のことを考えてくれている」と信頼され、結果として売上アップにもつながっていくことでしょう。このように**相手に寄り添うことを優先し、求めていることについて話す**ことができれば、関係性を無視して、人と人として良好な関係を築くことができます。

問題を解消したいなら「伝え力」に磨きをかける

私が長年たずさわってきた飲食業界をはじめ、今、日本中で人手不足が叫ばれています。いくら募集をかけても、時給を上げても、アルバイトが集まらない。日本の労働人口は少子高齢化で減る一方ですから、人手不足は今だけ我慢すればいいという問題ではありません。むしろこの問題は、今後さらに拍車がかかっていくことでしょう。「人手不足は経営者や管理職の問題であって、自分には関係がない」と思う方もおられるかもしれません。

しかしながら、少ない人数で仕事をまわしていくとなると残業はふくらみ、シフトの自由も利かなくなります。目の前の仕事をこなすだけで精いっぱいとなると、新しいことを覚えたり挑戦したりする余裕がなくなるので成長が止まってしまうし、会社の業績が悪化すればボーナスにも響きます。その観点からすれば、人手不足は決して他人事《ひとごと》ではなく「自分のため」に取り組むべき課題として捉えることもできます。

では、人手不足という課題を解消するためにはどうしたらいいのか？

今の時代、よほどの有名企業や人気職種でもないかぎり、入社希望者が殺到するようなことはありません。買い手市場の時代なら、何割かは辞めることを見越して多めに採用することもありましたが、今ではそんなことは不可能です。だからこそ、どうにか採用できた貴重な人材に「ずっとこの会社で働きたい」と思ってもらえるように、誰もが楽しく働ける、人が辞めない職場環境をつくっていく必要があるのです。

人が辞めない職場づくりのキモとなるのが「伝え力」です。あなたが管理職なら、まずは自分自身の伝え力を磨き、部下やアルバイトに対してものごとを適切に伝えられるようにする。慣れてきたら、今度は部下たちにも「伝え力」のコツを教えてあげて、部下やアルバイト同士の円滑なコミュニケーションを支援する。そうすれば、人間関係を理由に辞める人は激減するはずです。

それどころか、人間関係がよくて楽しく働ける職場は希少で価値が高いので、アルバイトは周りのみんなにそのことを教えたり、自慢したりしたくなります。実際にスタッフの中には、バイト仲間や社員と撮った楽しげな写真を、みんなの了解を得たうえでSNSにアップしている人もいます。それを見れば企業イメージがよくなるだろうし、応募しようかどうか迷っている人が投稿を見つけて「ここなら安心だ」と応募を決意してくれるかもしれません。

また、別のあるスタッフは「うちのバイト先、楽しいから一緒に働かない？」といって友人を連れてきてくれたこともありました。

言うまでもないことですが、人を採用しようと思ったら、求人広告にウン万円、応募者との面接に何時間と、膨大なコストがかかります。けれども人が辞めない職場になれば、そのお金と時間を丸々浮かせることができます。その分を魅力的な新規事業や従業員の福利厚生に還元すれば、ますます離職率の低い会社になっていくでしょう。そして、いつも明るく、活気にあふれた職場となるでしょう。

相手との信頼関係は言葉だけではなく、行動でつくられる

コツコツまじめにがんばっても、ふしぎと周囲から評価されない人がいます。自分をアピールするのが不得手だから、なかなかがんばりが伝わらないのです。これは本当にもったいないので、そういう方こそ「伝え力」を磨き、正当な評価を手に入れてほしいと思います。

ただし、伝え力を誤解してはいけません。どんな職場でも「自分はやっている！」と自己アピールに余念がない人がいますが、中身が伴わなければ「口だけの人間」と思われ、かえって評判を落とすことになります。

自分のがんばりは、言葉よりも「行動」や「人間性」で示したほうが、はるかに伝わります。

営業の世界ではよく**「モノより先に自分を売り込め」**と言われます。

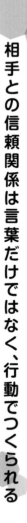

これは実に的を射た格言で、相手の都合などおかまいなしに自社のモノやサービスを売ろうとする営業マンは「この人は結局、自分の売上のことしか考えていないんだな」と見透かされ、お客様の信頼を得られず、成果もあがりません。

そもそも、同じ会社の営業マンはみんな同じ商品を扱っています。ベンツのディーラーなら、どの営業マンも同じベンツの車を売る。それなのに成績には天と地ほどの差があって、一か月に一台も売れない人もいれば、何台も契約を取ってくる人もいます。

その違いにはどんな要因があるかといえば、「伝え力」の違い。これが結果的に差を生み出しているのです。

私が知る某ディーラーのトップ営業マンは、得意客から電話がかかってきたら、面倒な顔ひとつせずに北海道から九州まで、どこだろうと飛んでいきます。そうした行動によって自分の人間性、すなわちお客様に寄り添い、お客様を大事にしていることが伝わっているのです。

周囲からの評価が不当に低いと感じている方は、自分の人間性や想いが伝わる行動を取ること。これを意識してみてください。

自然と人が集まる「あの人」は何をしているのか？

魅力的な人のもとには、いつでも人が集まってきます。その人が出社してきたら、みんながその人と話したがり、飲み会に出席すれば、その人の周りには人の輪ができるという具合です。

では、人をひきつける魅力がある人は、その他大勢の人々と比べてどこが優れているのでしょうか？

見た目の良さは、たしかに魅力の一つではありますが、魅力的な人がみんな美男美女というわけではありません。外見は普通なのに、誰からも好かれる人もいます。

性格がいいイコール魅力的、とも言い難い。どんなに優しくて性格がいい人でも、コミュニケーションに消極的な人のところに人は集いません。

実は、ビジネスシーンで人を集める力がある人は、例外なく「あること」をやっています。それは、自分が学んだことを周囲の人々に伝えているのです。それも、説教や自慢話として話すのではなく、抜群にわかりやすく、ときには笑いを交えながら話しています。

もしかしたら本人には「教えている」という自覚はないのかもしれません。自分の失敗談や成功体験、そこから学んだ教訓などを、おもしろおかしく話して聞かせているだけなのかもしれません。それが聞く側からすると楽しく、ためになるから、その人のそばにいたいと思うのです。

私はSNSにはあまりくわしくないのですが、SNSも同じではないでしょうか。ためになる情報をわかりやすく伝えるアカウントには、きっと多くのフォロワーがついていることと思います。また、興味、関心のある共通の話題があるところにも人が集まるのでしょう。

伝え力を磨けば、あなたも必ずそんなふうに、自然と人が集ってくる魅力的な人間になることができるでしょう。

そうして、人が集まるとできることがどんどん増えていきます。

たとえば飲食業界では、ものすごく味がいいお店でも、社員やアルバイトが集まらないとサービスが低下して客足が遠のきます。私のお店でも、利益は出ているのに人が辞めてしまったせいで店を閉めざるを得なくなったことがありました。いくら商品がよくても人がいなければ何もできないというのは、飲食業界の人なら身に染みてわかっていることだと思います。

反対に、店長なりアルバイトなりが「人を集める魅力」の持ち主になったら、状況はがらりと変わります。口コミや紹介で人材が集まり、定着して長く働いてくれるようになるから、料理やサービスのレベルも高まって、評判も上がります。人が育てば二号店、三号店を出すことも可能になり、夢がどんどん膨らんでいきます。

SNSでも、フォロワーが増えれば単純に嬉しいだけではなく、副業に発展させるなど人生の選択肢も増えるでしょう。

いち個人としても、人をひきつける魅力がある人は、みんなに助けてもらえます。仕事が多忙で手伝ってほしいときや、私用で仕事を代わってほしいときなど、他の人に頼まれたら断るところでも「○○さんの頼みならいいよ」と言ってもらえる可能性がぐっと高まります。

つまり伝え力は、あなたの人生を豊かにしてくれるのです。

「伝え力」だけを伸ばすより、もっと簡単な方法がある

ここまで述べてきたように、「伝え力」さえあればビジネス上のほとんどの悩みは解消してしまいます。それも、マイナスがゼロになるのではなくプラスに転じ、毎日楽しく働きながら、いま以上に高い評価を受けられるようになります。

「色の白いは七難隠す」という言葉がありますが、伝え力の高さもあらゆる欠点をカバーしてくれます。極端なことをいえば、外見や内面にいくらか問題があったとしても、伝え力さえ突出して高ければ、人生は何とかなってしまうと思います。

ただ、伝え力「だけ」を磨くというのは、実は非常に面倒な作業です。

たとえば筋トレで「この部分にだけ筋肉をつけたい」と思っても、なかなかうまくいきません。筋肉はつながっているからです。

筋トレでは、大きい筋肉のトレーニングをすると、周辺の小さい筋肉や関節も動か

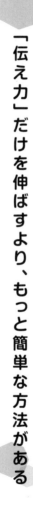

すことになるので、同時に鍛えられます。だから筋トレでは、大きい筋肉からトレーニングするのが王道です。

実は伝え力もまったく同じで、それだけを鍛えようとするよりも、関連するスキルやノウハウを一緒に学んだほうが、はるかに効率よく伸ばすことができるのです。

伝え力の周辺スキルとは、「現状分析力」や「学ぶ力」や「人を知る力」などをいいます。それらを筋トレと同じように、ある一定の順番で鍛えていくことで、最も効率的に総合力を高めることができるのです。

私は伝え力を核とするトレーニングの道筋を、自社の社名にちなんで「八角形サイクル」と名付けました。その名の通り、トレーニングには八つの段階があるわけです。「伝え力だけ高めればいいのに、八つも段階が必要なのか」と驚かれるかもしれませんが、心配はご無用。実は、八つの要素のいくつかは、すでにあなたがある程度は実践できていることであり、すべてをゼロから積み上げていくわけではないからです。

大事なのは、八角形サイクルを意識して日々の生活に取り組むこと。それだけで、確実にあなたの伝え力は鍛えられ、豊かな人生を歩めるようになるのです。

第2章

「伝え力」があれば、ずっと楽しく働ける

どうしよう、人がどんどん辞めていく！

「伝え力」は、現代のビジネスマンにとって最強の武器になります。私自身、幾度となく訪れたピンチを「伝え力」一つで乗り切ってきました。

といっても、最初から「伝え力」ということを意識してきたわけではありません。一七歳で飲食の道に入ってから、私は綱渡りのような人生を歩んできました。何度も綱から落ちそうになりながらも、どうにか踏みとどまってこられたのは「自分ががんばったからだ」とか「運がよかったからだ」と考えていました。

しかし、がんばっているのは私だけではないし、幸運はそうそう続きません。私よりもっとがんばっている同業者が、綱渡りに失敗して落ちていく姿も何度か見てきました。

彼と私の命運を分けたものは何なのか？

考えた末に出した結論が「伝え力」だったのです。

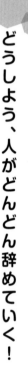

ここで少し、自己紹介を兼ねて昔話をさせてください。

私は小学生のころから料理人にあこがれていて、高校に入るとすぐに父親が経営していた居酒屋でアルバイトをはじめました。当時の私は（いま思えば若気の至りではありますが）「料理人は勉強なんてしなくていい」と思っていたので、一七歳のときに親の反対を押し切って高校を中退し、そのままアルバイト先の居酒屋の店長におさまりました。しかし、父の経営していた会社の業績は落ち込み、一九歳のとき、家を売却しないといけないところまで追い込まれました。すぐにもお金が必要だったのです。

そんなときに思いついたのが屋台のラーメンです。お金もない、人も雇えないので、父親が手づくりで屋台をつくり、そこではじめたのが「らーめん八角」です。こうしてはじまったラーメン屋が大ヒットして、店舗数も急拡大していきます。三一歳で社長に就任してからは組織づくりにも力を注ぎ、今では「らーめん八角」を筆頭に「昭和お好み焼劇場　うまいもん横丁」「食堂　銀シャリ　ぱっぱ屋」「浪速《なにわ》大だこ　たこの壺」「中華そば八角」「洋食屋Ｂｅｅ」とさまざまな業態の店舗を兵庫県下に計三八店（直営一九店、ＦＣ《フランチャイズ》一九店）を展開するまでになっています。

――と、このように駆け足で振り返れば順風満帆のように聞こえるかもしれませんが、現実は「一難去ってまた一難」の連続でした。

一九歳のときには父の会社がバブル崩壊のあおりで傾き、二〇〇八年には出店戦略の失敗とリーマン・ショックが重なって、第二の倒産危機を迎えました。このときは徹底した経営戦略で乗り切ったものの、一息つく間もなく二〇一二年、今度は詐欺に引っかかって一〇〇〇万円を騙し取られるという失態を犯してしまいました。

いずれも思い出すだけでも胃が痛くなるような大ピンチでしたが、こうした問題は一度乗り越えてしまえば繰り返されるものではありません。むしろ危機のたびにさまざまな面から改革を図ったことで、経営体質は強靭になっていきました。不況や売上の低迷は、いま思えば経営を見直すいい機会でもあったのです。

こうした、大きな問題も大変なことではありましたが、実のところ最も長きにわたって私を悩ませたのは「人手不足」でした。

一七歳で居酒屋の店長になったとき、一五人くらいいたスタッフは、私がバイトに誘った同級生以外は全員年上でした。みんな口にこそ出さないものの、内心では「こんな子どもに居酒屋のなにがわかるのか」「オーナーの息子だからって偉そうにして……」と思っているのがありありと伝わってきました。私も私で、年上のスタッフをどう扱っていいかわからず、生まれて初めて人間関係で悩むことになりました。

年下の店長に指示されるのが嫌だったのか、それともほかに気に入らないことがあったのか、スタッフはどんどん辞めていきました。バイトの多くは学生だったので、四月になると就職や進学でごっそり辞めていったし、それ以外の時期でもいきなり辞める人もいました。

アルバイトや社員はなぜ辞めてしまうのか――。

最初のころは、私がシロウト同然のボンボン店長だから信頼してもらえないのだと思っていました。たしかにそれも大きな要因だったのでしょう。しかし、現場で経験を積んでいっぱしの店長になっても、本部に移って経営に携わるようになっても「人が辞めてしまう問題」が解消されることはありませんでした。

実際にどれだけ人が辞めていったか――恥を忍んで公開すると、五年間でなんと三三人もの社員が八角を去っていきました。これは正社員数三〇名という八角の規模からするととんでもない人数です。

当時、一七店舗をまわしていくためには、最低でも二〇数人の社員が必要にでした。それなのに時期はずれているとはいえ、三三人もの人が辞めてしまったら、もう完全にアウトです。実際に、このころは利益が出ているのに人がいないせいで閉めざるを得なくなった店舗もあり、〝おいしい〟出店の話が来ても、まかせられる人がいなくて断るケースもありました。「このままでは直営店がなくなってしまうのではないか」という恐怖すら感じました。

このときは奇跡的にこの五年間で三一人の社員を採用できたので、どうにか体制を維持することができましたが、人手不足の昨今、そんな奇跡が続くわけがありません。仮に採用できたとしても、人を新たに雇って育てるには膨大なお金がかかります。既存社員のためにも、採用や新人教育にばかり資金をつぎ込むわけにはいきません。

それに、私は今でも思うことがあります。

あの三三人が辞めずに残っていてくれたら、新たに雇った社員と合わせて六三人です。それだけの人がいたら、もっともっと店を出せただろうし、新しい業態にもチャレンジできたでしょう。

みすみす三三人もの人材を手放してしまうなんて、自分はなんてふがいない社長だったのかと、思い出すたびに悲しくなってしまいます。

目標はただ一つ、「人が辞めない会社」をつくること

「五年間で三三人も辞めるのは異常だ。この問題に本気で向き合わなければ、未来はない」

そう覚悟を決めた私は、事業規模の拡大はいったん横に置いて「人が辞めない会社づくり」に目いっぱい舵を切りました。

最初に行ったのは現状分析です。

辞めていった三三人の大半は、入社三年以内の若手社員でした。

なぜ彼らは辞めてしまったのか？

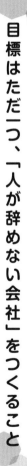

どうすれば若い社員が定着してくれるのか？

自分の頭でウンウン考えるだけではなく、残っている社員にも意見を聞いた結果、「飲食の未来に不安があるからではないか？」という仮説が浮上しました。

飲食の現場は楽しくもハードな一面があります。土日は休みを取りにくいし、深夜までオープンしているお店だと帰宅も遅くなります。若いうちならともかく、四〇歳、五〇歳になってもこの仕事を続けられるのかという不安から転職を考える人もいるでしょう。本人はそこまで深く考えていなくても「奥さんからもっと安定した会社に転職してほしい」とプレッシャーをかけられるという話もよく聞きました。

そこで私は、彼らの不安を取り除くために「未来」を見せてあげようと決意しました。残業や土日出勤をゼロにすることはできないけれど、そのマイナスを補って余りあるほどの魅力ある未来を提示できたら、トータルで安心につながると考えたのです。

まず、正社員として一〇年働いてくれた人に会社が保険を掛けて、六〇歳で一〇〇〇万円の退職金を支給する制度を導入しました。さらに、月々一〇〇〇円から掛けられる確定拠出年金の掛け金に、会社が四〇〇〇円を上乗せすることにしました。

これくらい大手企業では当たり前かもしれませんが、中小の飲食チェーンで導入している企業は珍らしく、確定拠出年金と聞いても「何ですかそれ？」という社員が多かったので、メリットをわかってもらうために、一人ひとり丁寧に説明してまわりました。

「確定拠出年金いうのはな、簡単に言うたら貯金みたいなもんや。普通の貯金と違うんは、会社が四〇〇〇円上乗せしてくれるとこやな。たとえば自分が月一〇〇〇〇円しか出さんかったとしても、会社が四〇〇〇円補助するから、貯金額は月五〇〇〇〇円、一年続けたら六万円になる。月一〇〇〇円しか出さへんのに一年で六万円貯まるなんてお得やろ？　これを定年まで四〇年続けたら、それだけで辞めるとき二四〇万円もらえるんやで。しかも掛け金は経費扱いで非課税やから、本当はもっと得しとるわけや。じゃあ、自己負担をもっとがんばって月一万五〇〇〇円出したらどうなると思う？　会社が出す分と合わせて月一万九〇〇〇円、定年まで四〇年積み立てたら九一二万円で、退職金と合わせて一九一二万円受け取れるんや。こんだけの額、自力で貯められる自信あるか？　ないやろう。でもうちの会社やったら可能なんやで」

こう言うと、みんな目の色が変わりました。漠然としていた将来のビジョンが具体的に、しかも明るい未来として見えたからでしょう。

確定拠出年金～月1000円支払う場合

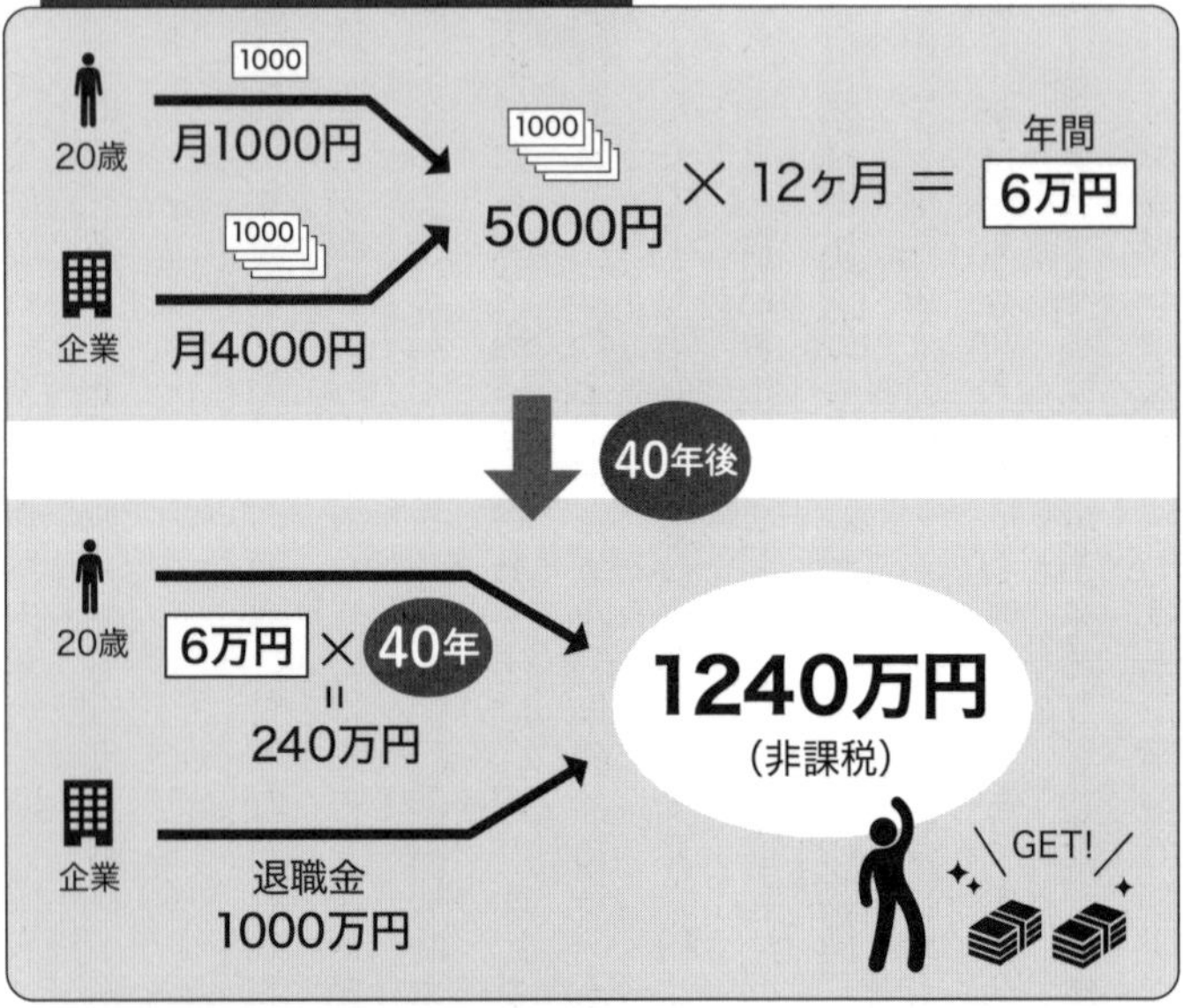

確定拠出年金～月15,000円支払う場合

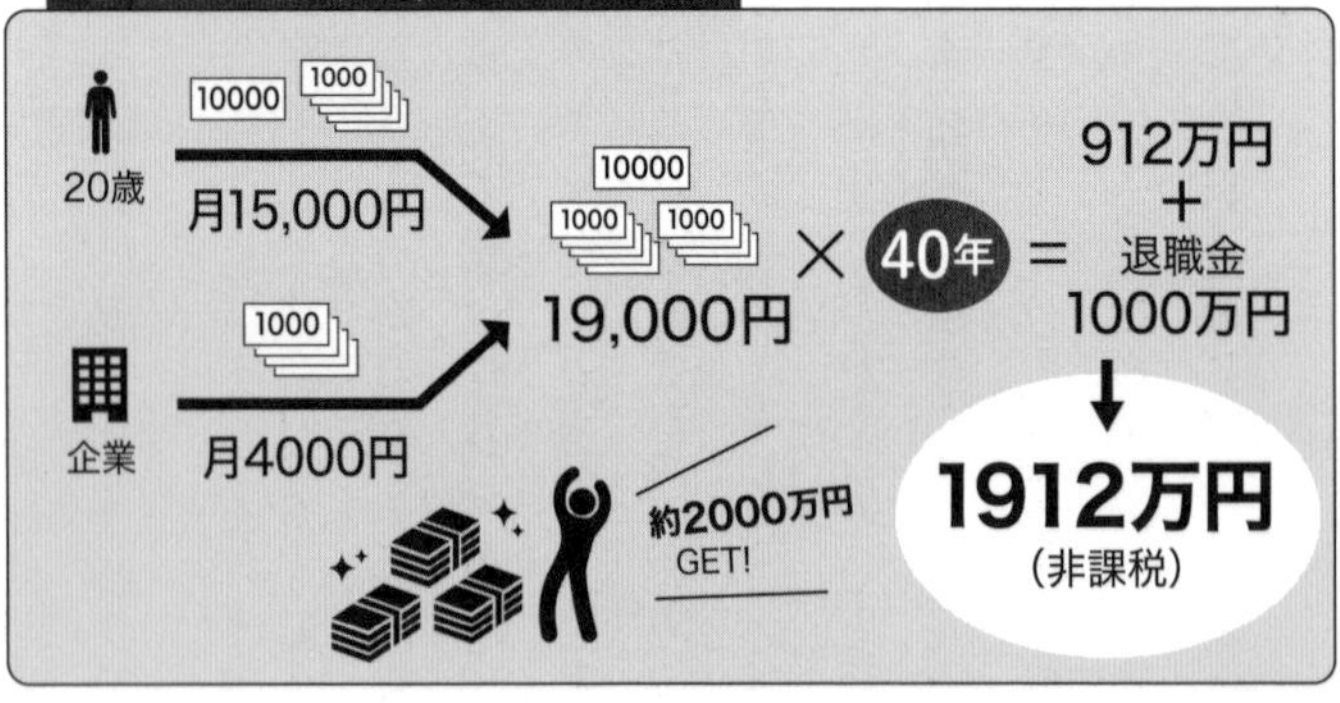

　このほかにも家族手当や住宅手当といった各種手当も拡充しました。配偶者手当として月二万円、子どもは一人につき五〇〇〇円、家賃や住宅ローンを払っている人には住宅手当が二万円——。既婚者で子どもがいれば、基本給にプラス五万円ほどはもらえる計算です。

　あとは、大事な社員に長く元気に働いてもらうために、勤続一〇年以上の社員を対象として会員制人間ドッグ（入会金三〇〇万円／年会費五〇万円）の検診料も負担することにしました。勤続一〇年というと多くは三〇代の前半～半ばで、そろそろ健康状態が気になってくる年頃ですから、ここで健康チェックができるというのは本人にとっても家族にとっても安心材料になると考えたのです。

　こうした一連の施策には、社員本人だけではなくご家族を味方につける狙いもありました。既婚者の場合、家族のほうが不安がって退職をすすめるケースが多くあったからです。

　狙いは大当たりで、今では本人が辞めようとしても奥さんが「辞めちゃダメ！」と援護射撃をしてくれるまでになりました。なにしろ途中で辞めてしまったら「退職時に約二〇〇〇万円」の未来図は白紙に戻ってしまいます。

退職金を受け取るためには、会社の存続が絶対条件ではありますが、こうした制度を導入したことで「自分のため」と「会社のため」がリンクし、よりがんばりやすい環境になったことも大きな収穫でした。

そうだ、「お小遣い」を出そう

利益を社員にどう還元するかも悩ましい問題でした。

以前はボーナスという形で還元していたのですが、なかなかうまくいきませんでした。というのも、ボーナスの額は、そのときの会社の状況や各店舗の売上、個人の実績など、さまざまな要素によって決まります。なのでボーナスのたびに「思ったよりも少ない」あるいは「自分のほうががんばっているのに、あいつのほうがたくさんも

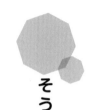

らっているのは納得いかない」といった不満のほうが多く聞こえてきました。

それでいて、当社ではボーナスを本気で当てにしている社員はほとんどいませんでした。みんなにボーナスの使い道を聞いてみたところ、ボーナスを利用して、住宅ローンの返済額をボーナス月だけ高く設定しているような人は皆無。堅実な人は貯蓄にまわし、そうでもない人はパーッと使う。各々、金額や、人と比べての差に対して不満を感じ、それを口に出したりはするものの、前回のボーナス額がいくらだったか覚えている人はほとんどいませんでした。

経営者からすると、会社の貯金を切り崩して支給しているものですが、感謝されるどころか聞こえてくるのは不満の声ばかり――。

だったらボーナスなんてやめてしまおうじゃないか！

ボーナスは、儲かっているときはドカンと出るけれど、経営状況によっては最悪出ない可能性もある。そうなるとボーナスを当てにした生活はできないし、人によって額も変わるので不満も出ます。

そんな考えから業績連動型のボーナスはやめて、春・夏・冬の年三回、一律で「お小遣い」をあげることにしました。

ふしぎなもので、ボーナスと称して数万円を支給しても「たったこれっぽっちか」と誰も喜ばないのに、「お小遣いだよ」といって同じ額を渡すと「〇万円も!?」と大喜びしてくれるのです。

しかも、出るか出ないかわからないボーナスは当てにできないけれど、毎年決まった時期に決まった額のお小遣いがもらえるとわかっていれば、「次のお小遣いであれを買おう」と計算ができます。お小遣いは学校の長期休暇前に支給するので、夏休みの家族旅行やクリスマスプレゼントの足しにしている人も多いようです。

こうしてボーナスの支給総額が減った分、基本給を増やしました。今や八角の初任給は高卒でも二五万五〇〇〇円とこの地域では群を抜いていて、飲食業界の人気が低迷する中でも、若い人がたくさん応募してくれるようになりました。

ハイブランドの財布を贈る理由

私は、会社を辞めていく社員には、よほどひどい辞め方でないかぎり餞別《せんべつ》としてハイブランドの財布をプレゼントするようにしています。そして「○○君が決めたことなんやからがんばれよ、次は辞めたらいかんで」と激励して送り出します。

「辞めていく人に、なんでそこまでしてあげるの？」と驚かれることもありますが、これには二つの理由があります。

一つは、純粋にその人を応援する気持ちからです。縁があった人だから、たとえ辞めても幸せな人生を歩んでほしいし、最後にいい思い出をプレゼントすることで、楽しかった職場として心に残してほしいと願うのです。

もう一つは、財布は毎日使うものなので、見るたびに少しでも思い出してほしい。そして、何かの事情で再び転職を考えるときは、また私と共に働くことを選択肢の一つとして考えてもらえたら、という期待も込めています。

なので私は一度辞めてまた戻ってくる「出戻り社員」も積極的に受け入れています。最初はみんなから反対されました。辞める人は、会社の待遇なり人間関係なり、何かしら不満を持って辞めたのだから、そんな人を再雇用しても結局は続かないと言われました。

ところが実際に出戻りを受け入れてみると、続かないということはまったくなく、むしろ辞める前よりもまじめに、意欲的に働いてくれるのです。

辞めるときは「自分にはこの会社は合わない」「よそに行けばもっといい待遇が待っている」と信じて辞めたのでしょう。ところが転職先は思い描いていたような楽園ではなく、その場、その場にある厳しさやつらさを痛感するわけです。

そんなとき贈り物として渡した財布を見たら、八角を思い出してくれるのではないでしょうか。「嫌なところもあったけど、いいところもたくさんあったな」と、贈り物の効果も相まって、いいように思い出してくれると思うのです。

実際、「また雇ってほしい」と来た人は一人や二人ではありません。贈り物の財布が効いたのかどうかはわかりませんが、「やっぱり八角で働きたい」と思ってくれるのは嬉しいことですから、私は喜んで受け入れます。すると相手も感謝して、この会社で再度、がんばってみようという気持ちになってくれるのです。

しかも出戻り社員というのは、短期間ながらも別の会社で働いたことで、辞める前よりもパワーアップしています。「あっちの会社では、こんないい取り組みをやっていた」など新しい風を吹き込んでくれるし、「こういう部分は八角ならではのいいところだな」と理解して、他のスタッフにも伝えてくれます。他社で経験を積んだ社員が出戻ってくれるのは、本当にいいことづくしなのです。

ただし、これも「伝え方」の問題で、もしも辞めるときに「どうせ次も続かんよ」と相手を否定するような言葉で送り出していたら、きっと戻ってきてはくれなかったでしょう。贈り物として財布を渡すとき、「戻ってきてくれたら嬉しいな」という下心がゼロといったら嘘になるけれど、それ以上に「新天地が肌に合ったなら、そこでがんばってほしい」と心から思っている。その心意気が伝わるから、「出戻り」という選択をしてくれているのだと思います。

「シロウトでもわかる試算表」をつくって赤字ゼロに

「伝え力」は人間関係の潤滑油になるだけではなく、売上アップにも直結します。倒産寸前まで追い詰められた状況から復活できたのも、今にして思えば伝え力のおかげでした。

二〇〇八年には、八角創業以来、最悪のピンチにさらされていました。

ことの発端は、契約書を抜け目なくチェックすることをしないままに、憶単位の投資をして大型ショッピングモールのフードコートに計七店舗を出店したことです。ただでさえ家賃が高いというのに、直後に起きたリーマン・ショックの影響で客足はまったく伸びず、新店は毎月大赤字――。その少し前に出店した高級路線の店舗も低迷しており、ついには経理から「あと半年でお金が底をついてしまう」と宣言されました。

でも、この経理の言葉は、私には違和感がありました。フードコートへの出店や高級路線への転換はたしかに大失敗でしたが、それ以外の既存店は軒並み繁盛して売上を上げているのだから、お金がないわけがないのです。

そこで、それまでよくわからないからと避け、見もしなかった決算書を調べてみると、多くの店舗で仕入れ費、人件費、そして光熱費や修繕費が利益を圧迫していることが判明しました。

これらの無駄をなくすには、現場を仕切る店長たちの意識改革が不可欠です。

しかし、決算書をそのまま店長たちに見せたとしても、どこに問題があるのか理解できない人がほとんどでしょう。だから私は、シロウトでも一目でわかるように試算表をつくり直して、それを持って各店舗の店長と面談しました。

ある店では、修繕費が前年の倍近くになっていました。店長に心当たりがないか尋ねると、「皿が割れたら注文すればいいやくらいの気持ちだった」と打ち明けられ、以後は食器などの備品を大事に扱うようになってくれました。

別の店では、他店に比べて仕入れ費、人件費、光熱費が高すぎました。そのことを指摘すると「他店が安く抑えているのならうちでもできるはずだ」と言って、発注の仕方や人の使い方、節電、節水に気をつけてくれるようになりました。

試算表に基づく面談の成果はてきめんで、なんとこれだけで業績はV字回復――。八角グループはたちまち全店舗で黒字化を達成したのです。

この経験から、伝えること、伝わる伝え方、の大切さを改めて実感した私は、銀行との交渉にもこのテクニックを応用しようと考えました。

倒産危機に直面していた当時、銀行にリスケ（支払猶予）をお願いしていました。その交渉のためにＥｘｃｅｌを勉強し、試算表をグラフ化して「この部分を改善するので待ってほしい」と具体的に交渉したのです。試算表の効果は抜群で、銀行は三年間の返済猶予をくれました。

ただ結果的に当時はリスケを二年で解除することになりました。先に述べた通り、試算表をたずさえて店長の意識改革をうながした結果、またたく間にすべての赤字店舗が黒字に転換したためです。

この地域でリスケを止めることができた会社はほとんどなかったらしく、銀行にリスケの解除を申し出たときは、とても驚かれたのを覚えています。

定着率九九％の職場が爆誕！

「人が辞めない会社にするためには、社員が将来への不安を感じることなく、ずっとここで働きたいと思える環境が必要だ」

そう考えた私は、前述の通り、福利厚生の拡充や経費削減を軸とした経営体質の強化など、さまざまな改革に取り組んでいきました。

これらは一定の成果をあげ、辞める人は徐々に減っていきましたが、それでも年に何人かは、理由も言わずに去っていきました。

辞める理由は、言われなくてもわかります。人間関係に嫌気がさして辞めてしまうのです。

職場における人間関係の改善は、最後に残された最大の課題でした。

仕事というのは大変だからこそ、楽しくなければ続きません。楽しく働くためには、職場の人間関係が良好であることは絶対条件です。

私が現場に立っていたころは、アルバイトも含めたスタッフ同士のコミュニケーションが盛んで、店対抗のバスケットボール大会などのイベントも開いていました。それもあってか当時は和気あいあいとした雰囲気で、長く続けてくれる子もたくさんいました。

ところが店舗数が増えて私が本部に異動してからは、そうした取り組みは徐々に下火になって、雰囲気も変わっていきました。飲食業界は体育会系なところがあって、一部の店舗では「見習いは大将に怒鳴られながら仕事を覚えるもの」「上司に意見を言うなんてもってのほか」といった古い考えを捨てきれていませんでした。

昭和の時代ならまだしも、令和の今、そんなやり方をしていたら誰もついてきません。本人は愛情ゆえに厳しく育てているつもりでも、コミュニケーションが希薄な間柄では愛情が伝わらず、パワハラ認定されてしまいます。

そこで私は、スタッフ同士のコミュニケーションを活性化し、仲間意識を高めるとともに、令和の時代にふさわしい意識を育む教育の場として「八角校」を立ち上げました。

八角校については第6章でくわしく説明するので、ここでは触れませんが、この取り組みをはじめたことで、店長たちの「伝え力」は格段に高まりました。

すると何が起きたか。

ギスギスした雰囲気は見事に消え、離職率がぐっと下がったのです。

いまや八角は「人がほとんど辞めない会社」になりました。

直近一年間を振り返っても三〇人の社員のうち辞めたのはわずか二人、それもやむを得ない事情による退職でした。離職者ゼロでないのが残念ではあるものの、五年間で三三人も辞めていた以前とは大違いです

また、かつての八角では、結婚したとたんに「奥さんからもっといい会社で働いてほしいと言われた」などと言って辞めていく人が多く、社員の三分の二は独身だったのですが、今や八角は家族からも応援してもらえる会社になり、三分の二が既婚者となっています。

夢中になって遊ぶことで得られること

離職に伴う人手不足やリーマン・ショックなど、幾多の困難を乗り越えて成長できた背景には、常に「伝え力」がありました。

たとえば年三回の賞与をボーナスではなく「お小遣い」と伝えることで、従業員の満足度は格段に高まりました。

待遇に不満を持って辞めていった社員が、よその会社で経験を積んだのちにパワーアップして出戻ってきてくれるのは、退職時にその人への感謝を言葉と餞別でしっかり伝えているからです。

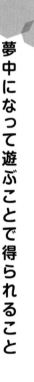

各店舗で経費がかかりすぎていることが判明したときも、ただ言葉で説明するだけではなく、わかりやすい決算書を用意して問題点を丁寧に伝えたからこそ、店長たちの危機意識に火をつけることができたのです。

このように、ものごとをわかりやすく、効果的に伝える最大の秘訣は、相手がどんな性格であるかを見抜いたうえで、相手に合った伝え方をすることです。その具体的な方法は次章以降に譲るとして、ここではいかにして私がこのスキルを身につけることができたのかをお話しします。

前述した通り、私は一七歳で飲食の道に飛び込んで以来、がむしゃらに働いてきました。しかし、遊ぶ時間をつくらずに仕事だけに生きてきたわけではありません。何とか時間をやりくりし、楽しみを見つけて遊んでいました。この遊びの時間が今の自分に欠かせないスキルを与えてくれたのです。

当時、特に好んでいた遊びといえば人と対峙して行うゲームで、僕の場合は麻雀でした。今の時代でいえばカードを使用したゲーム、たとえば「人狼ゲーム」でしょうか。こうした複数の人と興じる遊びからは「人を観察する目」を養うことができます。なぜならこういったゲームでは相手の発言や行動のすべてから情報を集め、相手との駆け引きと心理を読むことが勝敗のカギを握ります。つまり、対峙する相手を観察する目をもっていないと、勝率を上げることは難しいのです。

なので、もし可能であれば職場の仲間とこうしたゲームに興じてみてください。この遊びではプレイに性格があらわれます。なので、よくよく観察してみると、相手の職場での仕事に対する向き合い方と、ゲームのプレイスタイルが酷似していることに気付くでしょう。仕事で保守的なタイプであれば、守り重視の負けないプレイをします。チャレンジが好きなタイプは大胆な戦法をとりがちです。

負けない動きをする慎重なタイプ、空気を読むことに長《た》け勝ちにこだわるタイプ、言葉巧みに会話することによって相手の思考や行動を把握するタイプと様々です。自分にはない感覚を持つ相手からは新たな気付きを得られるし、自分に似たタイプからは自分の強みや弱みを客観的に把握することができます。このように、ただ夢中になって遊んでいるだけでも、相手を観察し心理を読もうとする癖がつき、そうして得られた学びは職場やプライベートでの対人関係において活かせるものになるでしょう。

〈このスタッフはどうして仕事をさぼろうとするのか?〉

〈お客様は何を喜び、どうすればお店にもっと来たいと思うのか?〉

こんなふうに考える習慣がついたのも、遊びを真剣に楽しんでいたおかげだと思います。人間関係にしても集客にしても、仕事上の課題の多くは、人の心理と密接に関わっています。遊びを通して人の心理を分析することを習慣化できたのはラッキーなことでした。私の場合は紹介したような対人ゲームからの学びではありますが、たとえばパチンコやテレビゲームでも、自分以外の人のプレイから学べることもあるでしょう。たとえそれが遊びの場であったとしても、人の行動を観察する癖を身につけておくと、人生に役立つ学びが得られるので意識してみてください。

すべての出来事を徹底的に考えつくす

つらい経験をした場合「二度と同じ思いはしたくない」と考えるでしょう。

たとえば、詐欺にあってしまった、信頼していた仲間に裏切られた、時間とお金を費やしたにも関わらず何も得るものがないと感じた、など様々な状況があると思います。ですがどんな経験からも一つは学ぶことはできていると思います。

二度と騙されないようにしよう。
裏切られた喪失感を感じないようにしよう。
時間やお金を無駄にしないようにしよう。

このように自分にとってマイナスの出来事からは、教訓や反省といった学びを得ることができます。しかし、この段階で終わらせてしまうと、自身にとってマイナスを生み出さないように「守り」は強化できたとしても、先に進む「攻め」の方法を得ることは難しいでしょう。攻撃は最大の防御という言葉がありますが、どんなにネガティブになるような経験をしたとしても、そこから「攻め」の要素、つまりプラスに転じる学びを得るところまでたどり着くことが大事だと私は考えています。なので、私の場合は、思い出したくもない失敗や、嫌なこと、嫌悪する相手の言動、これらすべてを繰り返し思い出し「なぜ?」「どうして?」という疑問を自分自身に投げかけます。
ここで「なぜ?」「どうして?」と思考しやすいケースをいくつか上げてみます。

ケース① 詐欺にあってしまった。

もし、詐欺にあってしまったら「二度と騙されたりしないように、注意深く、関わる相手を慎重に見極めよう」と考えるでしょう。これは、相手に非があるという場合での学びです。では、自分にはまったく非はなかったのでしょうか？　騙すほうが悪いに決まっている。この考え方に間違いはないでしょう。しかし、詐欺を仕掛けてきた側からの視点で自分を俯瞰《ふかん》してみると、いかにも騙しやすい、騙されて当然の隙のある人間だったのかもしれません。さらに思考を深めてみると、騙してきた相手には、そもそも騙す気などなく、行きがかりじょう騙したような結果になったのかもしれない、とも考えられます。また、そのときの相手の話術やふるまいはどうであったか、相手の何を信頼してしまったのかなど……このようにいくつもの視点で考えることができます。

ですが、こういったケースで考える場合には注意しなければならない点があります。とかく善悪で判断しがちになりますし、怒りや悲しみ、憎しみといった負の感情が起こりやすいので、わき上がる感情をグッとこらえ、自分を冷静に客観視する意識が必要でしょう。

ケース② 苦手な相手と意見が食い違い、揉めた。

キャリアや知識が豊富で、年齢も上の上司や先輩と、仕事の仕方や理想に対して違いがあった場合はどうでしょう。立場の違いからも自分の意見が通らないこともあるでしょう。また、根本的な考え方や性格に違いを感じると、その人からの指示や意見を素直に聞き入れることができない。指示をされたくない、したがいたくない、と思うかもしれません。そして、気の合う人と仕事をしたほうが効率も良く、自らの成長につながると思うでしょう。ですが何もかも自分と違う相手からは学ぶことはできないのでしょうか？　たとえ折り合いが悪いと感じても、あらゆる点で違う相手だからこそ、自分にはない思考や行動を学べるはずです。そして、そんな相手とはどう付き合うべきか、それを学ぶ機会とも考えられるでしょう。人はそれぞれ違っていて当然といった観点を持つ練習ができ、アンガーマネジメント（怒りの感情と付き合うための心理トレーニング）につながる教訓が得られると考えることもできるでしょう。こうした「考える癖」がつくと、相手に対する偏見が取り除かれ、相手の意見や行動の中にある正しさや真理に気付くこともできるはずです。

ケース③　お金と時間を無駄にしてしまった……。

セミナーや勉強会へ、最新の知識や、新たな発見を求めて参加したけれど、期待以上に得られることがなかったと感じた場合はどうでしょうか。

「自分でも知っているような知識をひけらかされただけで、得るものがなかった」とガッカリするかも知れません。ですが、自分なら、人に伝えるだけの技術があるのか、また、どうして自分でも知っているような知識が「タメになった」と重宝され、満足する人がいるのか。また、それらを魅力的に伝えるためにどんな工夫をしていただろうか、どうやって人を集めているのか、と与えられたものの値踏みをするだけではなく、その状況から学べることはたくさんあるはずです。「わかっている」「知っている」という感覚は危険です。

記憶というのは上書きされ、変換されてしまうものですから、知っているような内容であったとしても改めて深く考えてみることで新たな発見もあり、より明確に自分の知識として定着させる機会になるとも考えられるはずです。

この3つのケースは共通していて、相手に疑問や不満を投げかけることが難しく、疑問に対しての答えを得ることが難しいものです。なので、嫌なことは思い返したくない、早く忘れたいと、思考を止めてしまいがちです。ですが騙された、嫌だ、ガッカリだ、こんな解釈で留めてしまうのは非常にもったいないことです。

ここで、やるせない気持ちを抑え、一歩踏み込んで「なぜ?」「どうして?」を繰り返し、様々な側面から考える。これを何度も何度も繰り返し、自分自身に問いかける癖をつけることで視点が広がるうえに、ものごとへの解釈の幅も広がります。

苦い経験から得られるものは後悔や反省といったものだけではなく、自身を成長させる学びの要素があることを知ってください。たった一歩踏み込めるかどうかで、自身の持つ人間力に大きな違いが生まれるでしょう。

逆境のときこそ「やってみる」ことが大事

八角は、二度の倒産危機を乗り越え、人が辞めない会社へと進化し、そのマンパワーを源泉として着実に発展を続けてきました。

ところが二〇二〇年のコロナのパンデミックで状況は一変しました。

繁華街からは一気に客足が消え、八角は大打撃を受けました。

同業者の多くが「今は辛抱のとき」と観念し、コロナの嵐がおさまるのをじっと耐えて待つ中、私たちは何をしたかというと、新たにラーメン店とつけ麺専門店、たこ焼き店を二店舗増やし、これに加えて明石市藤江に洋食屋をオープンしました。

八角が洋食屋!?

みんなに驚かれました。「チャレンジは大事だと思うけど、よりによってこんな状況下でよくやるね」と、褒められているのか呆れられているのか、どちらともつかない反応が返ってきました。

これまでにもお好み焼き屋や大衆食堂、たこ焼き店など、ラーメン以外のジャンルにも手を広げていましたが、洋食屋は初めての挑戦です。メニューも客層もまったく異なるため、本当にゼロからのスタートです。

このタイミングで洋食屋をはじめる必要があるのか？
勝算はあるのか？
失敗したらどうするのか？

幹部たちからも否定的な意見は多くあがってきたし、実をいえば私自身も「今、これやるか？」と思わなかったわけでもないのです。

みんなから「新しいもの好き」「チャレンジャー」と思われている私だって、新しいことをはじめる決断をするまでには不安や迷いも感じます。ですが、コロナを言い訳に守りに入ってしまったら未来はないと考えたからこそ、前に進むための選択をしたのです。なぜなら、やって失敗することへの恐怖心よりも、何もせずにじわじわダメになっていくことへの恐怖心が強くあり、それを払拭するために新しいチャレンジに踏み込んでいくのです。

こうしたチャレンジをする際、損得だけを考えていたら動けません。損得勘定をいくらしたところで、勝算がまったくない場合以外は、「やってみなければわからない」ところがあります。よくリスクを取れ、リスクを取らなければ成功はない、と言われますが、リスクを取るのではなく、新たな経験値を得るため、体験して実感を得ることこそが、成功につながるのだと考えてみてください。

まずはやってみる。それでダメだったら、なぜダメなのか、どうすればいいかを考えて、ダメな部分を変えてみる。それでもダメなら、諦めて次に行く。成功率一〇〇%ではないことにチャレンジするときは、そんなふうに割り切るしかないのです。

割り切るといえば、コロナ過の中で開店したつけ麺専門店に関しては、売上の状況が想定よりも悪く、このまま続けても難しいだろうと判断し、すぐさまラーメン店へと切り替えました。この割り切った決断により、方針を切り替えた月の売上は前月比の一七〇%増という結果を得ることになりました。

八角として新たな挑戦となった洋食店も、これからいろいろな壁にぶつかることになるでしょうが、そのこと自体は問題ではありません。大事なのは壁にぶつからない利口さではなく、壁にぶつかっても乗り越えられる知恵と経験を身につけていくことでしょう。

私が思うに、世の人々は壁をおそれすぎて、遠くから見て「あそこに壁がありそうだ」とわかっただけで立ちすくんだり、壁に近づく前に引き返してしまったりします。

しかし、どんなに高い壁でも諦めずに向き合っていれば、何かしら新しいものが生み出されます。最終的に引き返すことになったとしても、壁に向き合うことで得られた経験値や教訓は必ず残ります。何もしないままに、じわじわとマイナスになっていく状況を耐えて過ごすよりも、挑戦することでプラスを手にするか、もし挑戦に失敗しても経験はプラスされます。

今回は失敗だったから次回はこうしてみよう、そう考えるための失敗の経験があれば、次の挑戦での成功確率は間違いなく上がるのですから。

なので皆さんもぜひ、必要以上に失敗をおそれないで、まずは目標をしっかりと持ち、その目標に近づくための階段を一歩、また一歩と進める。着実に近づくための小さな行動を起こすマインドを持つようにしてください。

第3章

まわすだけで伝え力が高まる「八角形サイクル」

優良企業のトップも知りたがる「八角さんのやり方」

八角グループの三八の店舗はすべて兵庫県内にあるので、県外の方にはほとんどなじみがないと思います。

ところが、そんな私のもとに「ぜひ話を聞かせてほしい」という依頼が寄せられます。それも、全国レベルで有名な企業の方や、八角よりも規模の大きな企業の方が直々に会いたい、話を聞きたいと言ってくださったりするのです。

皆さんが興味を示してくださるのは「人が辞めない会社」をつくる方法です。人手不足と離職率の高さが共通の悩みになっている飲食業界において、わずか数年で定着率を爆上げした秘訣を教えてほしい、というわけです。

私は自分がいいと思うことはどんどん知ってほしいと思うので、求められれば喜んでお話しさせていただきます。

飲食関係の社長仲間を相手に話していたころは、第2章で書いたようなエピソードをそのまま伝えていました。つまり、社員に未来を見せるために退職金や確定拠出年金の制度を整えたことや、数字が苦手な店長でもわかるように試算表を「見える化」したこと、ボーナスではなく「お小遣い」と呼ぶようにしたら満足度が上がったことなど、一つひとつの事例を説明していました。

けれども、それらの施策はあくまで八角グループにとっての最適解であって、会社の規模や業界が異なる会社がそのままマネをしても成功するとはかぎりません。

「うちのやり方を、もっと普遍的な、どんな会社や個人でも応用できるノウハウとしてご紹介できないだろうか?」

そう考えた私は、自社の成功事例を徹底的に分析してみました。その結果、八角が働きやすい会社になった最大のポイントは「人間関係の良さ」であり、その人間関係を支えているのは「伝え力」だということに気付きました。

では「伝え力」とはいかにして磨かれるものなのか?

またしても過去の事例を分析し、整理した結果、伝え力を身につけるためには「八角形サイクル」をまわしていくのが最も効果的だという結論に至ったのです。

八方に幸せをまきながら成長する「八角形サイクル」

八角グループの根幹を支えているのが「八角形」のサイクルだというのはまったくの偶然なのですが、この符合に気付いたとき、私は少なからず感動を覚えました。

らーめん八角は、一軒の屋台からスタートしています。一人でも切り盛りしやすいようにカウンターを八角形にしたのが屋号の由来ですが、「八方に幸せをまく」という願いも込められています。そして今また目の前に「八角形」のサイクルがあらわれるなんて、自分はなんて八角形に縁があるのかと感じています。

では、その「八角形サイクル」とはどのようなものなのか。

日本では長らく「ＰＤＣＡサイクル」で業務をまわしていくことが正解とされていました。

Plan（計画）
Do（実行）
Check（評価）
Action（改善）

この４つの頭文字をとったのがＰＤＣＡ。これを繰り返すことで継続的な業務改善を図るわけです。

ところがＰＤＣＡには大きな落とし穴がありました。もともと工場の品質向上を目的に提唱された方法だけに、現代の企業に不可欠な「人間関係」や「就労環境」といった視点はまるごと抜け落ちているのです。だからＰＤＣＡをいくら一生懸命にまわしても、商品やサービスの品質は高まるかもしれませんが、その会社で働く人たちの環境は改善せず、満足度や幸福感を高めることはできません。

かたや八角では、経営危機を乗り越えるための業務改善と、人が辞めない会社にするための環境改善を同時に進め、その両方で大きな成果をあげてきました。そのとき私たちが行っていた行動を分析・整理したのが「八角形サイクル」というわけです。

八角形サイクルは、次の八つの要素で構成されます。

一．現状を分析する
二．目標を立てる
三．勉強する
四．繰り返しやってみる
五．ハラオチさせる
六．人を知る
七．伝える
八．引き寄せる

このうち核となるのが七番目の「伝える」です。顧客に自社の魅力を伝えることができれば売上が上がり、従業員が必要な情報をうまく伝え合うことができれば人間関係が改善して定着率が高まります。

ただし、的確にものごとを伝えるためには相応の下準備が必要になります。それを体系化したのが八角形サイクルの一～六番目で、これらは「伝え力」を高めるためのステップと位置づけることができます。

一～六を実行して伝え力を磨き、多くの人に有用な情報を伝えられるようになると、あなたの周りには自然と人が集まるようになります。それが八角形サイクルの八番目「引き寄せる」の状態で、一～七のステップをがんばったご褒美のごとく、**人や情報やお金などがどんどん引き寄せられてきます。**

といっても、ここが終着点というわけではありません。

八角形サイクルもPDCAと同じ「サイクル」ですから、八つのステップが一周したらまた一番の現状分析に戻って二週目に入ります。ただし、まったく同じことを繰り返すのではなく、螺旋《らせん》を描くように各工程のレベルを一段階高め、さらなる高みを目指していくのです。

「八つもやらなきゃいけないことがあるのか」とゲンナリしてしまった方、どうぞご

安心ください。

八角形サイクルのいくつかは、あなたもすでに実践していることだと思います。ただ、ステップのどこかが抜け落ちているから、「伝え力」に結びついていないのです。

よくあるのは四～六のステップを抜かしてしまう――つまり勉強したことを咀嚼《そしゃく》することなく、相手に合わせて調理することもなく、そのままの形で渡してしまうパターンです。自分でもイマイチ消化できていない知識をアレンジもせずに話したところで、うまく伝わらないのは当然です。

ですからまずは本章を読み、自分ができていること、できていないことを確認してください。そのうえで、八角形のサイクルを意識しながら日々の仕事に取り組めば、それだけでも十分な手ごたえを得られると思います。

抽象的な説明ばかりでは飽きてしまいますよね。

次からいよいよ八角形サイクルの各ステップについて具体的に説明していきます。

八角形サイクル①　現状を分析する

ピンチのときほど冷静に。「数値化」と「比較」で現状を知ろう

八角形サイクルのはじまりは「現状分析」です。

本書を手に取られた方の多くは、仕事上で何らかの困難やストレスに直面しているのではないかと思います。いち個人であれば「上司や部下とうまくやれない」「同期に比べて営業成績が劣っている」「将来に漠然とした不安がある」、経営者や管理職の場合は「売上が伸びない」「人手不足で現場がまわらない」といった悩みが多いかもしれません。

現状分析とは、そういう漠然とした悩みのうち、数値化できるものはすべて数値に置き換えるということです。数値化するとものごとがハッキリするので、何がどれくらい足りなくて、どこに何を投入すればいいのか、解決への道筋が見えてきます。

八角が倒産寸前からV字回復を遂げたのも、数値化のおかげです。当時はどんぶり勘定で、ろくに数字を見ていなかったので、店が赤字なのはわかっていても原因がわからずオロオロするばかりでした。そこで一念発起して決算書に向き合ったところ、「○○店は他店に比べて光熱費の比率が高く、利益を圧迫している」というように、問題の本質が見えてきたのです。

部下のいいところを見つけて褒めてあげたり、努力が足りない部分をたしなめたりするときも、数字があればより具体的に伝えられるようになります。

たとえば売上も客数もトップクラスで、かつ人件費も低く抑えられているという優良店。一見するといいこと尽くしのようですが、少ない人数で売上をあげているのは、人が定着しないことの裏返しでもありました。

実はこの店舗の店長は、自分一人で何でもテキパキとやってしまうタイプです。その反面、部下の育成は苦手で、新しく入ったアルバイトが慣れない仕事にもたついているのを見ると「俺がやるからもういいよ」と仕事を取り上げてしまうので、人が育たず、すぐに辞めてしまうのです。その結果、残る従業員は古株のベテランばかりになってしまいました。慣れた人ばかりだから、通常五人でまわすところを三人くらいでも何とかなって、結果的に人件費が安く抑えられていたのです。しかし、そんなやり方が長続きするわけがありません。コアなメンバーのうち一人でも辞めてしまったら、経営はたちまち行き詰まります。店長自身はもちろん、残されたスタッフの負担感も増えるので、不満が募って次々と離職ドミノが起きてしまうかもしれません。

だから私は彼に対して、まず売上や利益率の高さを認めて「すごいことやぞ！」と大いに評価したうえで、「問題は新人が育っとらんことや。キミは有能やから、自分でやったほうが早いって思う気持ちもわかるけど、我慢してでも新人を育てていかんと、自分もバイトもしんどくなるよ。どうせやったら楽しく、ラクにやろうやないの。キミの店に足りんのはホントここだけやで！」と激励しました。

数字がなければ「それが僕のやり方なので」と反発されたかもしれませんが、店舗の状況をさまざまな角度から数値化し、他店のデータと比較しながら説明することで、彼は素直に助言を受け入れてくれました。

数値化できるのは売上や経費といった営業成績だけではありません。将来に対する漠然とした不安なども、「老後にどれだけお金が必要になるのか」「年金はいくらもらえそうか」「そのためには現役のうちに月々いくら貯金しておけばいいか」など具体的に計算し数値化してみると、それだけで気がラクになるものです。また人との関係値を仮に数字で表してみるのも一つの方法です。たとえば、五段階に設定して、五なら関係は良好、一ならこれから関係を構築しなければいけない――といった感じで数値化してみてください。

「思い込み・慢心・情報不足」を排除し、「なぜ」「どうすれば」で考える

もし、数値化が難しいと感じる悩み事については、一度立ち止まって「なぜそうなのか」を考えてみてください。

「なぜ、上司は自分を叱るのだろうか」
「なぜ、自分ばかり残業させられるのか」
「なぜ、アルバイトの子がどんどん辞めてしまうのか」

真剣に「なぜ？」と考えてみれば、一つや二つは思い当たる要因があるはずですし、原因がわかれば「では、どうすればいいか？」と解決策を探すこともできるようになります。

このとき注意してほしいのは**「思い込み」「慢心」「情報不足」を徹底的に排除する**ことです。

「上司は私のことが嫌いだから」と思い込んでいると、何でもかでも「上司に嫌われているせいだ」という結論になってしまい、真の原因にせまることができません。「自分は仕事ができるのに、理不尽な扱いを受けている」といった慢心も、同じように分析の目を曇らせます。

しかも「自分は悪くない」「周りのせいだ」と決めつけていると、「そうじゃないかもしれないから調べてみよう」「客観的な情報を集めてみよう」という気が起きません。新しい情報を仕入れず、自分の頭の中だけでぐるぐる考えているのは、出口のない迷路をさまよっているのと同じです。そんなことでは、いつまでたっても現状を正しく分析することはできません。

もちろん、本当に「自分は悪くない」「上司に嫌われているのが原因」といった可能性はあります。でも「自分にも多少は非があった」という可能性も同じくらいあるはずです。「なぜ」「どうすれば」を考えるときはできるだけフラットに、先入観をもたず、あらゆる可能性を視野に入れようにしてください。

そしてもう一つ。思考をフラットにし、「なぜ」「どうすれば」を考える必要性を示すものとして「違和感」を大事にしてください。

たとえば「業績はいい。にも関らず上司は褒めるどころか、重箱の隅をつっつくような注意や指示をしてくる」こうした場合、結果に対し正当な評価をされていないと感じてしまいます。なので、上司の嫉妬《しっと》、妬《ねた》みなのではないか？　とにかく何かしら文句を言いたいだけではないか？　といった考えが生まれるでしょう。ましてや「自分にまだ気付いていない視点を教えてくれているに違いない。これは上司の愛情なのだ」なんて受け止めることはなかなか難しいでしょう。

こうした状況では、良い結果に対して注意をされるという「違和感」があるはずです。なので、違和感を抱く状況でもまた、「思い込み」「慢心」「情報不足」を排除し、フラットな思考が必要であると捉え、「なぜ」「どうすれば」を考えてほしいと思います。

八角形サイクル②
目標を立てる

夢ではなく、現実的な「数値目標」を立てる

自分が置かれている現状を認識できたら、八角形サイクルの二番目「目標を立てる」に進みましょう。

ここでのポイントは、壮大な夢ではなく「現実に手が届くレベルの目標」を立てることです。

最近の若者は夢を持たなくなった、と言われて久しくなります。先日、某大手証券会社のトップコンサルの人と会食したときも、「今の若い子は夢も希望もなくて、現実しか見ない」と嘆いていました。

でも、私はそれでいいと思っています。現実を見ないで無謀な夢を語るよりも、現実としっかり向き合うほうがずっと大事だと思います。

一昔前の飲食業界では、正社員として入ってくる若者の多くが独立という「夢」を持っていました。実際、飲食業界というは夢のある世界で、私みたいに勉強もスポーツも苦手で高校中退（つまり中卒）の人間でも、「自分の店を持つ」という小学生のころからの夢を叶えることができました。私は、入社した若い社員たちにも同じように夢を実現してほしいと思い、社員教育や独立支援に力を入れてきました。

ところが、独立していった社員のほとんどが、自分の店をオープンしたものの経営を軌道に乗せるのに苦労してしまいます。

実は、苦労する人たちには一つの共通点がありました。それは「三〇歳になったら独立して自分の店を持つ！」というように、年齢を独立の目安にしていたのです。目標を立てるとき「いつまでに」「何をする」と時期を明確にするのはとてもいいことです。でもこの場合は「なんで三〇歳？」と聞いても「なんとなく……」という答えしか返ってこない。「三〇歳といえばいっぱしの大人だから、独立してもいいんじゃないか」という程度のイメージで三〇歳と言っているだけであって、具体的な根拠があるわけではないのです。

何の根拠もなく「三〇歳になったら独立する」というのは、目標ではなく希望的観測です。三〇歳になった時点で独立できるだけの力量が備わっているのならともかく、知識もスキルも不足している状態で「三〇歳になったから自分の店を出します」といって独立しても、想像と現実の違いに苦戦を強《し》いられることになります。

もし、「三〇歳で独立」という大きな夢を叶えたいのであれば、そこから逆算して、細切れにした目標を立てることからはじめましょう。

「いま二五歳で、五年後三〇歳になったら独立したい」というのであれば「一年後までに経営の基礎を身につける」、「来月までに経営数値の見方を覚える」、「来週までにこの本を読む」というように手の届きそうな目標を立てて、スモールステップで一つひとつクリアしていくのです。

そうすれば、少しずつでも着実に独立という夢に近づくことができるし、小さな目標でもクリアすれば達成感を味わえます。周囲からも「やるじゃないか」と言われることが増えるので、がんばろうというモチベーションもわいてきます。独立していった若者たちには、経営指導や資金の援助だけではなく、こうした知恵も伝授してあげればよかったと悔やまれます。

独立のような明確な夢がない場合でも、やるべきことは同じです。八角形サイクルの一番目「現状分析」で浮かび上がった問題点を解決するためにはどうすればいいかといえば、実現可能な目標に落とし込むのです。

問題点が大きすぎて手に負えないと感じる場合でも、目標を細切れにして数値化すれば「意外となんとかなりそうだ」とわかるものです。

たとえば「去年よりも売上を年間三〇〇万円増そう」と漠然と考えたとしても、これではまだ漠然としすぎています。達成するために日々何をどうするべきかが、ハッキリとしません。より細分化し、一か月、一週間、一日単位で考えると、印象はだいぶ変わるはずです。

一年で三〇〇万円ということは、一か月あたり二五万円。それをさらに三〇日で割ると、一日あたり約八四〇〇円。ここで、これまでの客単価の平均値を考えれば、日に何人のお客様を増やすべきなのかが見えてきます。こうして数字にして「見える化」をすると、やるべきこと、意識すべきことが明確になります。

ではここからさらに続けて考えてみましょう。仮に単価が九二〇円だとします。すると一日当たり九人のお客様を増やさなければならないという課題が見えてきます。

これを一日の営業時間を昼、夜、夜中と分けて考えれば、それぞれの時間帯に三人増やせばいいと考えることができます。この人数であれば新規のお客様を増やすと考えるより、リピーターを増やすことが近道と考えることができます。

いかがでしょうか。「各時間帯にリピーターを三人増やす」という目標は、「一年間で売上を三〇〇万円増やす」よりもはるかに現実味があって、「こうしたらどうかな」といったアイディアも浮かびやすくなるのではないでしょうか。また、ここまで細かく数値化すれば、社員のみならず、アルバイト雇用の従業員に対しても漠然とした目標を伝えてモチベーションを下げさせてしまうようなことはなくなるでしょう。

どんなに大きな目標でも、最初の一歩の踏み出し方がわかると、実現の可能性が見えてきます。「無理に決まっている」と思って取り組むよりも「できそうだ」と信じてやったほうが、モチベーションが上がって成果も出る。成果が出れば自己肯定感も周囲からの評価も高まって、ますますやる気がでるという好循環が生まれるのです。

他の誰かより、過去の自分を基準にしよう

目標をどう設定すればいいかわからない場合は、去年の自分を超えることを目指してみてください。

〈去年の自分は遅刻が多かったから、今年は遅刻をゼロにする〉
〈去年は○○さんとあまり話せなかったから、今年は自分から挨拶してみる〉
〈去年の営業成績が二〇人中一二位だったから、今年はベスト一〇入りを目指す〉

他の人は当たり前にできることでも、自分は苦手だということはよくあります。去年の自分が「できなかった/やらなかった」ということは、苦手意識を持っていたり、実際に苦手だったのでしょう。それができるようになったら、周りから見れば小さな一歩でも、あなたにとっては大躍進といえます。

それに、去年の自分を基準に目標を立てると、周りは関係なく、自分自身との戦い

になります。周囲のできる人を基準にすると「あんなふうにはなれない」「自分にはとても無理だ」と自信を失いかねないけれど、過去の自分との戦いなら、そんな心配はありません。去年より少しでも前進していたら、それだけで合格点をあげていいくらいです。

八角では、このように去年の自分と今の自分を比べて成長を実感できるように「八角校」というシステムを導入しています。それについては第6章でくわしく述べていきます。

目標を「見える化」して未来につなぐ

目標を立てたはいいけれど、それで何となく満足して終わってしまうという人は少なくありません。

そういう人には、目標の「見える化」をおすすめします。目標を紙に書いて机に貼っておいたり、スマホの待ち受け画面にしておけば、見るたびに目標を意識してモチベーションを保つことができます。

「見える化」は、今すぐ取り組むわけではないけれど、将来的に達成したい夢や目標を忘れないための手段としても有効です。

数年前になりますが、私は母校の播磨中学校で講演させてもらったことがあります。中学時代の恩師が、勉強も部活もやらずに遊んでばかりだった私が「らーめん八角」の社長をやっていることを聞きつけて、「卒業生として今の若い子たちに夢を語ってほしい」と声をかけてくれたのです。

中学生に向けて何かを話すなんて初めてのことで、正直、戸惑いもありましたが、よくよく考えてみると、自分にはぜひとも若い人に伝えたいテーマがありました。

それは、「なぜ」「どうしたら」と考えることの大事さと、少しずつでも目標に近づく努力をはじめることの重要性についてです。

「勉強でも部活でもゲームでも、行き詰まったら『なぜ？』『どうしたらいい？』と考えてみてほしい。それさえできれば、たとえ勉強ができなくても成功者になれる可能性があるんやで」

そんな話を、私自身の体験談を交えてさせてもらいました。そして講演の最後に、この日のためにつくった「らーめん八角」の割引券を配りました。

目的は、生徒たちにラーメンを食べに来てもらうためではありません。実は、割引券の片隅に「早く目標を持てば、必ず叶えられる」というメッセージを印刷したのです。

ただのカードではポイっと捨てられてしまうかもしれないけれど、割引券がついていたら「いつか使うかもしれない」と思って、机の中にでも入れておいてくれるかもしれない。もしかしたら、一人や二人くらいは記念として机の上に飾ってくれるかもしれない。そして割引券を見るたびに、「そういえばこんなこと、言っていたな」と思い出してくれるかもしれない――。そんな願いを込めたのです。

「なぜ」「どうしたら」の話は、もしかしたら中学生の心にはあまり響かないかもしれません。でも、いつかきっとわかるときがくる。そのとき再び思い出してもらうために、割引券を使って「見える化」の仕掛けを施しておいたのです。

八角形サイクル③　勉強する

本からも、人からも、数字からも学ぶ

目標の中には、すぐに実行できるものもあれば、そうでないものもあります。たとえば「遅刻をなくす」「挨拶をする」などは、自分の覚悟次第で即実行できることなので、「明日からやろう」などと考えずに、目標を立てた勢いに乗って、もうその瞬間からスタートしてください。

一方、「営業成績でベスト一〇に入る」など、今の自分では届かない目標を設定した場合は、そこを目指して勉強しなければなりません。

勉強というと、本を読んで知識を得ることをイメージする方が多いかもしれませんが、学生と社会人の勉強は違います。本はすばらしい知の宝庫ですが、そのほかにも人と話したり、誰かに助言を求めたり、自分の営業成績を分析したりと、心構え次第

であらゆるところから学ぶことができます。

大事なのは「学ぼう」という意識を持つことです。

上司の説教を聞くのでも、仲間と飲みに行くのでも、「ここから何かを学び取ろう」という意識があるかどうかで、結果はまったく違うものになります。

上司の説教の中には、理不尽なことや納得いかないことも含まれるかもしれませんが、上司の言うことが一〇〇%間違っているのかといえば、そんなことはないでしょう。もっともな部分については素直に受け止め、自分の肥《こ》やしにすれば、ムカつくお説教も学びの機会に変わります。また、自分はこういう人間にはならないように……なんて学びも得られるでしょう。そう思えたら、そんな人にはどう対処したらいいか、なんて考えも浮かんでくるはずです。

こうした日々の学びは、自分を成長させるだけでなく、周囲の人に伝えることで、伝えた相手をも成長させることができます。

たとえば、「ここを直してほしい」という思いがある人に対して、善悪で話したり、常識を持ち出して話したり、真っ向から意見したり、行動や言動を否定したとしても聞き入れられることは少ないでしょう。そんなとき、「こんな学びを得た」という話なら、相手は直接否定されたと感じることもなく、自身を振り返って考えてもらうきっかけになるかも知れません。

社会人は良くも悪くも周囲のレベルに引っ張られるところがあるので、周りが成長して全体のレベルが上がると、あなたもさらに成長して自分の価値を高めることができるでしょう。

「これ」と決めた一冊を教科書にして何度も読む

実は、私は本書を含めてこれまで三冊の本を出していながら、自分ではそれほど本を読みません。本よりも人から学ぶほうが性に合っているからです。

それでも、未知の知識を体系的に学びたいときや、周りに教えてくれる人がいないときは、やはり本が頼りです。最近でも、ある人から「このことを知っていると経営にすごく役立つよ」と教えてもらったものの、身近にその分野にくわしい人がいなかったので、わかりやすく解説した入門書を買ってせっせと読んでいるところです。

私は読む冊数が少ない代わりに、読むとなったらそれを教科書にするつもりで徹底的に読み込みます。どこへ行くにも持ち歩き、「ためになるな」と思った部分には線を引いて、自分のものになるまで何度も読み返します。

だから私は、これまで読んだ本の内容はほとんど覚えています。冊数は少なくても、本から得た知識は間違いなく自分の血肉になっているという自信があります。

あなたはどうでしょうか。

この本を手に取ってくださった方の多くは、普段からビジネス書や自己啓発書に親しんでいる方が多いのではないかと思います。八角の社員の幹部にも、年間何十冊も本を読むような読書家がいます。

ただし彼の場合は、本から学ぶというよりは、本を読むことが目的になってしまっているのか、私からするとものすごいスピードで読み切ったと思ったら、もう次の本を読みはじめています。そして三冊目を読み終わるころには、一冊目の内容なんてすっかり忘れてしまっているのです。

読書家の人が全員そうだとはもちろん言いませんが、たくさん本は読むけれど身についたものはないなと感じている人は、本との向き合い方を見直すべきかもしれません。あれこれ乱読するよりも、これという一冊を決めて本気で向き合ったほうが、得るものはずっと大きいと思います。

また、これと決めた一冊でも、読んでいるうちに「うーん、ちょっと違うかな」と思うことはあります。私の場合は、めちゃくちゃ成功している人が書いた本だと、つい「この人は優秀やからこんなことが言えるんやろな。自分には到底無理や」と思ってしまうことがあります。

でも、何の役にも立たない本が流通するはずがありません。どんな本にも絶対にヒントはあるはずです。

それなのに「この著者とは考えが合わないから」といって、せっかく読んだ本を丸ごと否定してしまっては、読んだ時間が無駄になってしまいます。せっかく本を読むのなら、「どんな本からでも何か一つは吸収する」という覚悟で読まないと、勉強ではなくただの自己満足になってしまいます。

行き詰まったら、人の話を素直に聞いてみよう

前項でも述べたように、私は本よりも人から学びたいタイプです。

私が「人から学ぶ」ということに自覚的になったのは、二〇〇八年にショッピングモールに出店したのがきっかけです。その店は大赤字で、六年間契約のところを、違約金を払って一年で退出したほどの大失敗だったのですが、唯一の収穫といえるのが、ショッピングモールに出店していた他社の若手社長たちと交流できたことでした。

それまでの私は、身近な社長といったら親父やその友人くらいで、同世代の経営者とは話したことがありませんでした。それがいきなり年商四〇～五〇億円クラスの経営者と交流するようになって、正直いって度肝を抜かれました。

当時ショッピングモールでは三か月に一回、社長たちが集まる役員会議を開いていたのですが、みんなが話している内容のレベルが高すぎて、最初は全然ついていけませんでした。私が決算書の読み方を勉強しはじめたばかりだというのに、周りは日本経済の問題点や行く末について熱く語り合っているのです。

自分の不勉強ぶりが恥ずかしくなった私は、彼らの話についていけるように必死で勉強するとともに、経営状況が苦しいことを素直に打ち明けて、相談に乗ってもらいました。社長たちのアドバイスは的確で、私は彼らと交流することで大きく成長できました。

以来、私の中に二つの信条ができました。

一つは「すごい」と思える人には積極的に会いに行くことです。何か問題が起きたときに助言を仰ぐのはもちろん、順調にいっているときでも「すごい人」に会いに行けば、自分なんてまだまだだと気を引き締めることができるし、「私もあんなふうになりたい」とモチベーションも高まります。

もう一つは「人の話は素直に聞く」ということです。人との交流を有意義なものにするためには、どんな人からでもインプットしようという姿勢が大切で、「あんな人の話は聞いても意味がない」などと決めつけていては得られるものは何もありません。人は立場が上になるほど他人の意見を軽んじる傾向があるので、自分はそうならないように気をつけています。

話の内容が陳腐で、得るものが少なかったとしても、話し方や言葉の選び方など、何かしら参考にできることはあるはずです。少なくとも「この人の話はわかりにくいから自分は気をつけよう」と反面教師にすることはできるでしょう。

今の私の一番の学びの場は、よその社長さんとの会食です。昔からの知り合いもいれば、新たに紹介してもらった人、向こうから「あなたの話を聞きたい」と言ってアプローチしてくれる人など、いろいろなパターンがありますが、経営者同士で話をすると、知らない情報を得られたり、自分には何が足りないかが見えてきたりと、毎回とてもいい勉強になっています。

過去のダメな自分こそ、最高の教材になる

優れた書籍や社長同士の交流は多くの学びをもたらしてくれますが、それ以上にためになる最強の教材が「過去の失敗」です。失敗を振り返り反省することで、人は大きく成長します。

〈自分はなぜ失敗してしまったのか?〉
〈同じ失敗を繰り返さないためには、どうすればいいのか?〉

このように考えられる人とそうでない人とでは、やがて天と地ほどの差がついていくでしょう。

八角も、数々の失敗を糧《かて》に成長してきました。「一〇円生ビール」や「八八円の餃子/唐揚」、さらには人材育成システム「八角校」まで、オリジナリティある取り組みの多くは失敗から生まれたものです。

たとえば「毎月四の日は唐揚げ八八円」という名物企画が誕生したきっかけは、アルバイトスタッフの不仲でした。ホール対キッチンで意見が対立し、ギスギスしてしまった雰囲気をなんとか良くするために、アルバイトみんなで売上アップの企画を話し合ってもらったのです。狙いは大当たりで、企画会議はやがて腹を割った話し合いの場に発展し、最終的には双方の不満を解消するためのルールをつくって一件落着となりました。

「八角校」も、前述の通り五年間で三三人もの社員に辞められるという大失敗を教訓として考案したシステムです。これができたおかげで「五年間で三三人離職」という失敗も笑い話に変えることができました。

失敗から学ぶというのは、言葉でいうのは簡単ですが、実際にできている人は少ないのではないかと思います。なぜなら人は、自分の失敗からは目をそらしたくなるからです。つらくて恥ずかしい気持ちとセットになっているから、なるべく思い出したくなくて、記憶に蓋をしてしまう。同じ失敗を繰り返す人は、間違いなくこのパターンでしょう。

また、若い人の中には「失敗しないで生きていきたい」と考える人も多いようです。もちろんそのほうがいいに違いありません。しかし、失敗をしない人生というのは一見いいことのようですが、失敗がなければ学びの機会も得られません。失敗したくない一心で何事にもチャレンジしない癖がつくと、よりいっそう成長から遠ざかります。失敗を避けるつもりが、かえって自分の人生を困難に追い込むことになってしまいます。

私はこれまでの人生で多くの人を見てきましたが、魅力ある人というのは例外なく大きな失敗を乗り越えています。人に何かを伝えるにしても、失敗や挫折を知らない人の話では自慢話にしか聞こえない場合もあります。もちろん学べるところはあるのですが、失敗や挫折を経験し、成功されている方からはより多くの知見を得られると感じます。

なので伝え上手で魅力ある人になりたいなら、失敗をおそれてはいけません。失敗は、放置すればただの失敗、記憶に残る嫌な思い出の一つになるだけですが、なにかしらの教訓を学び取ることができれば、失敗も立派な経験値に変わります。

八角形サイクル④

繰り返しやってみる

運命を左右する「やるか、やらないか」

目標を達成するために今の自分に足りない何かを学んだら、次はそれを「やってみる」番です。どんなにたくさんの知識やノウハウをインプットしても、自分の中にため込んでおくだけでは意味がありません。勉強の成果が実るかどうかは、やるかやらないかで決まるのです。

ゲーム「スーパーマリオ」では、特定のブロックを叩くと「スター」というアイテムが出現し、スターを取るとマリオは無敵状態になってゲームを有利に進めることができます。ただし、スターは自分から取りにいかないと消えてしまいます。

インプットした知識を使わないということは、スターが出現したのにボーっと見ているだけで取りにいかないのと同じことです。いくら成長のチャンスが巡ってきても、自分が動かなければチャンスをものにすることはできません。

新たに勉強したことだけではなく、もともと得意なジャンルのことでも「やってみる」という工程をおろそかにしていると、せっかくの才能が枯れてしまいます。

人は誰しも、異なる才能の種を持っています。生まれ持っての才能はたいした努力をしなくても芽は出るし花も咲きます。ただし、どんな花が咲くかは自分次第です。しっかり勉強して実践すれば目を見張るような大輪の花が咲くけれど、何もせずにボーっとしていたら、どこにでもある雑草のような花しかつかないでしょう。

いい花は高く売れるけれど、雑草に値打ちはありません。自分の花（才能）をお金に替えるためには肥料（勉強）と水やり（実践）が不可欠です。

才能がある分野ですらそうなのだから、元から自分に足りない、不得意な分野ならなおさらです。がんばって勉強したのだから、その努力を無駄にしないためにも、このタイミングで必ず水をあげて、成果につなげていきましょう。

「今日は何ができればいいか」と考え、簡単なことからやってみる

「目標を立てる」の項でも書きましたが、いきなり大きすぎる目標を掲げると、何から手を付けていいかわからず、目標が機能しなくなります。「やってみる」も同じで、勉強したことを一度に全部やろうと思うと、できないことも出てきます。できないことが積み重なると「どうせ自分には無理だ」と自信を失ってしまうので、まずは「今日は何ができればいいのか」を考えてみましょう。

たとえば「顧客満足度を高めてリピーターを増やす」ために勉強してきたのなら、まずは挨拶からやってみる。お客様に対して、今までは「いらっしゃいませ」「ありがとうございました」とだけ挨拶していたところを、常連さんには「まいど」と付け加えて「お気をつけて」と送り出してみる。それだけでもお客様は嬉しくなって、「また行こう」と思ってくれるかもしれません。

接客上手な人にとっては当たり前のことでも、恥ずかしがり屋な人には勇気のいる一言かもしれません。他人から見ればどうということのない行動でも、自分にとって大きな意味があるなら、それは誇るべき第一歩といえます。

たとえば、ケンカした相手に自分から「ゴメン」の一言を言えるかどうかです。ケンカの良《よ》し悪《あ》しは一旦置いて、まずは寄り添い、つながりを絶たないことです。切っ掛けを一つつかむことさえできれば、そこからいかようにもできるはずです。お互いの意地の張り合いで関係が壊れてしまうのは悲しいことです。些細《ささい》な行動一つで、変えられる未来があり、つかめる運命があったりするものです。

スイッチになるアイテムを持とう

やらなければいけないとわかっているのに、ついさぼったり、実行を先延ばしにしてしまうタイプの人は、何かの「アイテム」に頼るという方法もあります。

たとえば私は、家に帰ってから本を読んだり数字をチェックしたりしなければならないときは、帰宅後もスーツを脱ぎません。スーツを脱いで部屋着になると、スイッチがオフになって仕事をする気になれなくなるからです。反対に、スーツを着ているあいだは頭も体も仕事モードに保たれるので、ダレることなくすぐさまやるべき仕事に着手できるのです。

このように、仕事モード（オン）と休みモード（オフ）を切り替えるスイッチを持っておくと、やるべきことをダラダラと先延ばしにして時間を無駄にすることがなくなります。

スイッチは何でもかまいません。私の場合はスーツですが、普段から制服や作業着で仕事をしている人ならそれを着たり、仕事中にいつも聞いている音楽をかけたりするのもいいでしょう。

特に思いつかない人は、この機会に自分のスイッチをつくってみてください。仕事と強く結びつくモノが思いつかない場合は、「コーヒーを入れる」「軽めのストレッチをする」「好きなアーティストの音楽を一曲聞く」「デスク周りを掃除する」などのルーティーンをスイッチにするのもおすすめです。

見た目が変わると、評価も変わる

やるべきことを実行できないのは、意志の弱さだけが原因とはかぎりません。周りから「この人はこういう人」というレッテルを貼られていると、何となくその通りに行動しなければいけない気になって、新しい一面を見せるのを躊躇《ちゅうちょ》してしまうことがあります。たとえば「細かいことは気にしない豪胆な人」だと思われていると、いまさら細かな数字のことを勉強したり、周囲に「数字も大事だよ」と伝えたりするのは気恥ずかしいでしょう。

こうした評価を実力で覆すのは、なかなか難しいものがあります。そこで私がおすすめするのは、少し遠まわりでも「見た目」を変えてみることです。

たとえば社員のA氏は、どちらかというと自分に自信が持てないタイプで、知識は豊富に持っているのに発信には消極的でした。そのため周囲からは「Aさんは頼りない」と思われてしまうし、本人もそう思われていることを察して、よけいに自信を持てなくなるという悪循環に陥っていました。そこで私は彼に、雑誌に出てくるようなめちゃくちゃかっこいいオーダースーツを仕立て、髪型も変えてみてはどうかとアドバイスしました。「頼りがいがある」というレベルまで内面を変えるのは時間がかかるけれど、外見はすぐに変えることができます。外見がかっこよくなり、周りの見る目が変われば、本人の意識も変わって内面の成長も加速するだろうと考えたからです。

その狙いは大当たりでした。彼がオーダーメイドのバリっとしたスーツを着て、すっきりとした髪型で見違えるほど男前になると、周囲の評価はガラッと変わりました。「Aさん変わったね」「かっこよくなったね」など嬉しい言葉ばかりかけられるようになりました。

するとふしぎなもので、A氏は評判通りの「かっこいい大人」としてのふるまいをするようになりました。見た目だけではすぐに化けの皮がはがれてしまうから、いっそう内面や行動面も磨かなければと思ったのでしょう。それまではできていなかったアウトプットも積極的に行うようになっていったのです。

結果、A氏はスーツに続いて鞄も高級メーカーのものに買い換えました。

お金を使うときは中途半端なものを買うくらいなら、無理をしてでも心底満足できるものを買うべきだからです。実際、A氏はスーツや鞄を見るたびに「このアイテムにふさわしい自分になれるようがんばろう」と発奮できるようで、彼の内面や行動面はさらに磨かれていきました。

「自分のため」プラス「人のため」にやれる人こそ最強

序章でも述べたように、あなたには「会社のため」ではなくて「自分のため」に働いてほしいと思います。「自分が稼ぐため」「自分がラクに働くため」「自分が成長するため」と考えたほうが、モチベーションが続くからです。

ただし、それは決して自分本位に考えるという意味ではありません。

自分さえよければいいという気持ちでやっていると、うまくいきません。相手のために情報を伝えてあげるという、人と人とが関わるうえで最も大事なポイントがおろそかになってしまうので、成果は出せず、評価もされず、人間関係も悪化して、「ラクに楽しく稼ぐ」というゴールからどんどん遠ざかってしまいます。

私は、自分の目の前に困っている人がいて、自分に何かできることがあるのなら、迷わずに手を差し伸べるようにしています。人を助けて感謝されるのは嬉しく、気分がいいことだからです。それを「偽善」と呼ぶ人もいるかもしれないけれど、自分も相手もそれで嬉しいのなら、しないよりはしたほうがずっといいと思います。

それに、情けは人のためならず。自分が関わる人に、心から寄り添うことができていれば巡りめぐっていつか自分に良い報いが返ってくるものです。

以前、スタッフの中に、家庭の事情で悩んでいる人がいました。人づてにそのことを知った私は、彼のために時間をつくってじっくり話を聞き、どうすれば解決できるかを一緒に考えました。相手に感謝されたいという下心はなく、単純に私がそうしたいからしただけなのですが、彼はそのことを恩義に感じてくれたようで、それ以降はよりいっそうがんばって働くようになり、会社に貢献してくれています。
自分は自分、他人は他人という考え方をしていては、こうした思いがけない喜びが生まれることはありません。「自分のため」プラス「人のため」に行動できる人こそ最強なのです。

八角形サイクル⑤　ハラオチさせる

知識は自分のものにしなければ伝わらない

自分が学び、実践してきたことを誰かに伝えれば、その誰かの成長を手助けすることができます。これはまさに「自分のため」プラス「人のため」の実践で、伝えた相手が成果をあげれば会社の業績が上向いて安定するし、相手に感謝されて人間関係が強固になると、自分自身もより気持ちよく働けるようになります。

しかし「伝える」という行動の前に一つ、必ず消化しておきたい重要なステップがあります。それは「ハラオチ」、つまり腹の底から理解して納得することです。これは八角形サイクルの中で最も見落とされがちなポイントです。

実体験、あるいは本などから得た知識を人に話してもうまく伝わらないときは、たいてい「腹に落ちていない」のが原因です。自分でもよく理解できていないまま「これはこうだよ」と話しても、相手は「言っている意味がよくわからない」「話しているあなたも、それほどよくわかっていないのでは？」と不安や疑問を感じさせてしまいます。

では、どうすればハラオチさせることができるのか。

一番いい方法は、いきなり大勢の前で自説を披露するのではなく、誰か一人に話してみることです。相手には悪いけれど、練習相手になってもらうのです。

頭の中で考えるだけではなく、実際に人に向けて話をしてみると、だんだんと考えがまとまって「自分はこういうことが言いたかったのだな」ということがわかってきます。また同時に、聞き手の反応を観察することで、「この説明ではわかりにくいかな」

「話す順番を変えたほうが伝わりやすいかな」といったことも見えてきます。

本章の最初でも述べたように、私はいろいろな人に「八角のやり方」を説明してきました。今でこそ「話がうまい」「わかりやすい」と言ってもらえるようになった私ですが、最初から立て板に水だったわけではありません。同じ話を何度も繰り返すうちに伝え方のコツがわかり、アレンジも加わって洗練されていったのです。

伝わったかどうかは、相手の反応を見ればわかります。何となくピンときていないような、納得できないような表情を浮かべているのは、伝わっていない証拠です。きちんと伝わっていれば、相手は必ず大きくうなずいたり、「なるほど、よくわかりました」と言ってくれたりするものです。一対一で話をするとき、私が一番気にしているのは、相手から「ためになりました」「勉強になりました」といった言葉が返ってくるかどうかです。この言葉を引き出せたら相手にしっかりと伝わったという判断をします。これがハラオチの工程が完了した証拠――。ハラオチした事柄は、自分の言葉で自信を持って、誰に対しても正確に伝えられるものとなるでしょう。また身近な人の反応でいえば「話すのが上手になったね」「そんなことを考えていたんだね」こんな反応がもらえれば一歩進んでいると考えていいでしょう。なかなか話し上手にならない、伝わらない、と焦らず、伝えたいことの一部でも伝わったのならプラス一と考え、繰り返しポイントを積み重ねていけたら大丈夫です。

「感謝」の気持ちが生まれると、素直に腹に落ちていく

いくら有益な情報やアドバイスでも、あまのじゃくな気持ちで聞いていては、なかなか腹に落ちてきません。「この人に私の気持ちがわかるはずがない」「それは成功者だから言えることだ」など壁をつくればつくるほどハラオチから遠ざかってしまいます。

そういう方に足りていないのは「感謝」の気持ちではないかと思います。普通に生活していると忘れがちですが、自分がいかに周りの人たちとの関係に支えられているかを、いま一度思い出してみてください。そうすれば、相手の言葉も素直に受け止められるのではないでしょうか。

「あの人に感謝することなど何もない」と思う人もいるかも知れません。しかし、本

当にそうでしょうか？

たとえば先代社長である私の父は、破天荒で自由奔放なところがある人だったので、若いころはことあるごとに衝突していました。

でも今となっては、彼が自分の親でよかったと思っています。私ががむしゃらにがんばってこれたのは、親父に一億円もの借金があったおかげだし、経営について何も教えてくれなかったからこそ、自ら学び、実践し、人脈を広げることができました。言うことはメチャクチャだったけど、次々と新しいアイディアを考えて実行するなど、素直に感心できる点もたくさんありました。

あなたが苦手とする相手のことも、視点を変えて捉えることで「感謝」の気持ちを持って考えることはできるはずです。

「言い方はきついけれど、他人に厳しい分、誰よりもやるべきことをこなしている」
「先輩がいいかげんだからこそ、自分がしっかりできた」
「文句ばかりに聞こえるけれど、自分にはない視点でものごとを考えてくれている」
「物わかりが悪いと思っていたが、自分の伝え方が未熟だった。理解していることは誰よりもがんばってやってくれている」

こんなふうに、人柄や癖、年齢や立場といった情報に惑わされることなく、相手のいい面や、相手からもらったたいい影響に目を向けると、自然と感謝の気持ちもわいてくると思います。

八角形サイクル⑥　人を知る

人を知りたければ「球体思考」で考える

世の中にはいろいろなタイプの人がいます。人の話を聞くのが好きな人もいれば、自分が話すほうがいいという人もいるし、他人を信じやすい人もいれば、疑い深い人もいます。仕事や人生についての考え方も人それぞれで、どんどん成長してキャリアアップしたいと考える人がいる一方で、「楽しく働ければそれでいい」という人もいます。

伝え方が下手な人は、こうした十人十色の個性を無視して、誰に対しても同じような口調で、同じようなたとえ話を使って伝えようとします。それでは伝わるものも伝わりません。

伝えたいことが確実に伝わるように、相手に寄り添い、話し方を変えねばなりません。相手がどうすれば聞く気になってくれるかを考え、相手のタイプに応じたキャッチボールをしながら、こちらが言いたいことを伝えていくのです。

相手に合わせて話すためには、まず相手を知る必要があります。八角形サイクルの六番目「人を知る」とはそういうことです。

人を知るために身につけてほしいのが「球体思考」です。

球体思考とは、ものごとにはすべからく「見えている面」と「見えていない面」があり、ある一方から見ると悪いことのようでも、別の角度から見ると良いことだったりする、という意味です。たとえば細かいことを気にしない人は、大雑把で見落としが多い反面、おおらかで他者に寛容だったりするものです。

球体思考は、異なる文化を理解するうえでも有効です。

たとえば食事のマナーでも国や文化によって異なります。ラーメンやお蕎麦といった麺類を食べる際、日本では麺を「すする」という所作は当たり前に行われています。

また、麺をすする際に音を立てていたとしても気分を害し、マナーがなっていないと怒り出す日本人は少ないと思います。ですが海外の方は「すする」という食べ方をしません。ほとんどの方が麺を口に丁寧に運び入れて食します。これは音を立てて食事をすることがマナー違反であるという文化があるからです。他にも日本人は食事の際に食器を手に持つのが普通ですが、海外では食器は持つものではないという違いがあります。また、日本では飲食店で食べきれなかった残り物を持ち帰るということはほとんどありません。ですが海外のお店では食べ残しを持ち帰れるように専用の容器が常備されていたりします。食事に関することだけでも、これだけ文化・習慣に違いがあります。

文化に違いはある。その認識を持って知識を得れば「理解できない」という一方的な解釈でとどまることなく、「まぁ、そうだよね」と理解できるはずです。

あなたが苦手だと思っている人も、別の角度から見てみたら思いがけない一面を隠し持っているかもしれません。

「嫌いだ」「苦手だ」「こいつはダメだ」と思っている相手ほど、バックグラウンドを理解し、球体思考で見つめなおしてみたら「良い人かも」と思える可能性は大いにあります。苦手意識がなくなれば話しかけるハードルはぐっと下がり、より伝えやすい土壌ができていきます。

効果的にものごとを伝えるためにも、コミュニケーションへの抵抗感をなくすためにも、まずは相手を理解しようという姿勢が必要なのです。

相手の心がわかると「叱責」が「愛情」に変わる

あなたは上司に叱られているとき、心の中で何を考えていますか？

「また怒鳴っているわ」と聞き流したり、早く終わらせるために「すみません」と口先だけで謝ったりと、その場をしのぐことだけを考えてはいないでしょうか。

ハッキリ申し上げると、それでは叱られ損になってしまいます。

上司というのは、その地位を得るために努力して実績を積み重ねてきた人たちです。中には性格に難のある人もいるでしょうが、少なくとも仕事に関しては新人より理解している可能性が高く、叱ったり、怒ったりするのには必ず理由があります。そこに目を向けず、ただ「お説教が終わるのを待つ」だけでは、何の学びもありません。

一般的に、「怒る」とは感情的に怒りをぶつけることであり、「叱る」とは相手のためを思って厳しく指導することだとされています。上司の説教を内心で「うるさいな」と思いながら聞き流している人は、自分は理不尽に怒られているだけだから、まともに付き合う必要はないという意識があるのでしょう。

でも、怒られる側に、本当に何の落ち度もないのでしょうか？

たしかに上司の側は、「怒る」と「叱る」を区別する必要があります。感情にまかせて怒るのではなく、適切に叱るように気をつけなければなりません。

しかし怒られる／叱られる側は、どちらも同じように真摯《しんし》に受け止めるべきだと私は思っています。

上司が自分のために叱ってくれているときはもちろん、感情的に怒っているときでも、そこには必ず理由があります。上司に怒られるのは、上司が怒るようなことをしたからです。「叱る」ではなく「怒る」になってしまう上司も問題ではありますが、それはまた別の問題です。少なくとも自分の何かが相手を怒らせたのだから、「なぜ自分は怒られているのだろう」「上司は何を望んでいるのだろう」と向き合わなければなりません。

それなのに多くの人は相手の気持ちを知ろうとしないまま「理不尽に怒られた」「なんでこんなこと言われなきゃいけないんだ」と不満ばかりため込みます。それではイライラした気持ちが残るだけで、なに一ついいことはありません。

明日からはぜひ、上司からの説教を「自分のために言ってくれている」と思ってみてください。それだけで、見える世界が変わってきます。

仕事のミスを責められたなら、同じミスをしないように気をつける。態度が悪いと指摘されたなら、たとえ自分ではそんなつもりはなかったとしても「そういうふうに受け止める人もいるんだな」と理解して、少なくとも指摘してきた相手には態度を変えてみる。そうすることで、仕事のスキルもコミュニケーション力も磨かれていくのです。

また、「この人はなぜ怒っているのだろう」と考えることは、相手を知る第一歩でもあります。上司がどういう人間で、何を喜び、どんなことを不快に感じるのか、上司の人となりを知ることができれば、職場での人間関係はよりスムーズになるでしょう。

なお「人を知る」ためのより具体的なテクニックについては第4章でくわしく紹介していきます。

八角形サイクル⑦　伝える

見たこと、聞いたことをそのまま伝えてはいけない

八角形サイクルの一～六で土壌を整えたら、次はいよいよ「伝え力」を発揮する番

です。

「伝える」は八角形サイクルの核であり、ノウハウも多岐にわたるため、第5章を「伝える」に特化した章にして細かく解説しますので、ここでは特に押さえておきたいポイントを紹介するにとどめます。

まず覚えておいていただきたいのは、自分が見聞きしたものごとをそのまま伝えるのではなく、相手に合わせた「わかりやすいたとえ話」に落とし込んで説明することです。私が度重なるピンチを乗り越えてこられたのも、ここぞという場面で絶妙な「たとえ話」ができたからです。

どういうことか、具体的にご説明します。

八角は家族経営からスタートしたこともあって、十数年前まで「数字を見る」ということを一切してきませんでした。前社長である父は決算書を金庫にしまいこんで誰にも見せようとしなかったし、当の本人も「経常利益がプラスになっていればいい」という程度の認識しか持ち合わせていませんでした。

しかし、バブルの時代ならまだしも、不景気でコストカットが必須の昨今、そんなことでは到底生き残ることはできません。二〇〇八年にショッピングモールへの出店で大赤字を出し、倒産寸前というところまでいったとき、私は初めて決算書を目にしました。

ところが、初めて見る決算書は意味不明な用語ばかりで、何が何だかサッパリわかりません。しかたなく広辞苑で用語の意味を一つひとつ調べながら読み解いていった結果、「とにかく無駄が多い」ことがわかってきました。

そこで次に、各店舗の売上、仕入れ費、人件費、光熱費、修繕費、広告宣伝費などをまとめ、前年度と比べてどうか、あるいは他店舗と比較してどこがよくてどこが悪いのかを見ていきました。すると、ようやく店ごとの問題点が浮かび上がり、次に何をすべきかが見えてきたのです。

この工程はまさに八角形サイクルの一～五にあたります。（一）決算書の数字をもとに現状を分析し、（二）赤字を解消するという目標に向けて（三）数字の見方を勉強する。年度別ではどうか、店舗を比較してみたらどうかなど、いろいろな視点から分析を（四）繰り返し、「なるほど、こういう対策が必要なのか」と（五）ハラオチさせたわけです。

とはいえ、私だけがハラオチしていてもどうにもなりません。それぞれの店舗運営のどこに問題があり、何をどう改善していけばいいのかは、現場を動かす店長たちに知ってもらう必要があります。

そこで次なるステップとして、わかりやすく「伝える」ことが必要になりました。

当時の店長たちは、経営の知識などまったく持ち合わせていませんでした。トップに立つ私たち親子ですら数字に無頓着だったのですから、当然といえば当然です。

彼らに決算書の内容を理解してもらうにはどうすればいいか。

「売上総利益というのは、売上高から売上原価を差し引いた数字でな……」

「営業利益と経常利益の違いはな……」

そんなふうに広辞苑で引いた内容をそのまま話したところで、まず伝わらないでしょう。「すみません、意味がわかりません」と言われて終わりです。

そこで私は、店舗の損益を「家計」にたとえて説明してみました。

「よう聞いて。売上高いうのは、要するに給料や。で、仕入れが食料品。給料をもらって、食費を払ったあとに残るお金が粗利益というわけやね。法定福利厚生は、個人でいうところの厚生年金とか社会保険みたいなもの。宣伝広告費はチラシとか雑誌に出す広告で、消耗品っていうのは、使える期間が一年未満のものか、もしくは価格が一〇万円未満のもの。修繕費はそのまんま修理にかかった費用で、水道光熱費は電気・水道・ガス料金。衛生費は言うたら掃除用品代ってとこやな」

こんなふうに身近な生活費に置き換えれば、慣れない専門用語もすっと頭に入ります。シロウトには理解しにくい減価償却についても「たとえば、親に車の購入代金を立て替えてもらって、毎月決めた一定の額を返済するイメージ」と設定を伝え「先に代金を支払って、毎月一定額が経費になっていく」こういった仕組みであると説明したらすんなり伝わりました。

「たとえ話」で説明するとは、こういうことです。難しそうに思えるかもしれませんが、相手に寄り添って「どういう説明ならこの人に伝わるか」と考えれば、自然とアレンジが浮かんでくるはずです。

適切なたとえ話が思いつかないということは、知識やノウハウがまだ自分のものになっていないか、もしくは相手に寄り添えていないかのどちらかである可能性が高いので、もう一度、八角形サイクルに抜け落ちがないかどうか振り返ってみてください。

勉強ができる人でも「伝え下手」なこともある

「伝え力」は学力や知識に比例するとはかぎりません。場合によっては、頭の良さやまじめさが裏目に出て、かえって伝わりにくくなるケースもあります。

たとえば社員のB氏は優秀な頭脳の持ち主で、大学もいいところを出ているのですが、「伝える」ことはあまり得意ではありませんでした。

私が彼に「これから会社でこういう取り組みをはじめるから、店長たちに周知してほしい」と頼んだとします。私は、通達の相手（店長）に伝えるつもりで彼に話すので、私の言葉通りに資料をつくってくれたら問題なく伝わるはずなのですが、彼は必ず自分の言葉・自分の表現に変換して資料をつくります。

それ自体は決して悪いことではありません。むしろ相手のレベルや理解度に合わせて情報をアレンジするのは望ましいことといえます。

ただ彼は、このアレンジがお世辞にもうまいとはいえませんでした。彼が作る資料は文字や数字が多すぎて、難解でわかりにくいのです。

そうなってしまう原因はいくつか考えられます。

一つは、彼がひどく几帳面《きちょうめん》なのでしょう。「間違いがあってはいけない」「正確にきちんと伝えなければいけない」という意識が強すぎて、こまごまとしたデータを盛り込んでしまうのです。

あるいは「自分軸」が勝ちすぎているのかもしれません。自分が理解できることや、自分が伝えたいこと、自分が必要だと思うことに気を取られ、肝心の「相手がどう感じるか」にまで思いが至らないのです。

いずれにしても、彼の資料は情報を渡すことがゴールになっていました。ですが自分が伝えたい情報を一方的に渡しても、それは「伝えた」ことにはなりません。

大事なのは、伝えた相手が「なるほど、そうか」とハラオチすることです。それを日頃から意識していれば、「正確なデータを並べるよりも、重要なポイントだけをまとめたほうがわかりやすいだろう」とアレンジのコツも見えてくるはずです。

彼のように頭がいい人ほど「伝える＞ハラオチさせる」という落とし穴にはまりやすい傾向にあります。文字や数字が多い資料をつくりがちな人は、自分がその落とし穴にはまっていないか考えてみてください。

八角形サイクル⑧　引き寄せる

サイクルをまわせば、自然とチャンスが巡ってくる

伝え上手な人のもとには「この人の話を聞きたい」と、自然と人が引き寄せられていきます。どんなビジネスも人なくしては動かないし、言ってしまえば人にさえ恵まれれば、今の職場を改善したり新しい事業に乗り出したりと、さまざまな可能性が広がります。つまり、人を集める引力がある人のところには、おのずとチャンスが巡ってくるわけです。

「引き寄せる」は八角形サイクルの八番目にあたりますが、ここがゴールというわけではありません。八角形サイクルはあくまでも「サイクル」なので、一〜八のステップをこなしたら再び一に戻り、今度はまた別の課題の解決に向けて現状分析や勉強、実践を重ねていきます。

もちろん一に戻るといっても、まったく同じスタート地点に舞い戻るのとは違います。一周目が終わったら二周目はそれよりも少し高度な課題に挑み、三周目はさらに高い次元を目指すというように、上へ上へと昇っていく。ぐるぐる、ぐるぐると螺旋を描きながら上昇し、最後は大空に花火のような花丸を描くイメージです。

手前味噌ではありますが、私の「引き寄せ力」もこうして少しずつ高まってきたように思います。

最初は身内に向けて「八角のやり方」を教えていたのが、うわさを聞きつけた人が「私にも話を聞かせてほしい」と、わざわざ会いに来てくれるようになりました。私としてもなるべくいろいろな人の役に立ちたいので、畑違いの業界の人でもわかるように伝え方を工夫していたら、「知り合いの社長もその話を聞きたがっているから、今度連れてきてもいいですか」とさらに輪が広がっていきました。今では全国チェーンの社長さんや、百億円企業を目指すベンチャー企業のトップなど、企業の格でいえば八角よりも圧倒的に上の人たちからも興味を持って「聞かせてほしい」と言ってもらえるようになりました。まったくもって社長冥利《みょうり》に尽きることだと思っています。

八角は、兵庫県の西エリアではそこそこ知られたラーメンチェーンですが、全国的にみれば知名度はないに等しく、社員数も三〇人弱の、どこにでもあるような中小企業です。飲食業界の中では待遇がよく、定着率も高いと自負していますが、大手企業ならそれくらいやっている企業はざらにあるでしょう。

そんな中小企業の社長である私のところに、格上の経営者が話を聞きに来てくれたり、講演会や勉強会の講師をしてほしいとオファーがきたり、本を書きませんかと言われて三冊も本を出したりもしました。それは、私が「伝える」ことに重きを置き、八角形サイクルをまわしてきた結果にほかなりません。

「伝え力」は引力につながり、自分の価値を高めます。市場価値の高い人材は、出世・成功しやすくなるだけでなく、周囲から一目置かれて人間関係のトラブルが減るので、居心地よく働けるようになります。

キャリア志向の方も、安定志向の方も、プライベートを充実させたい方も、ぜひ八角形サイクルをまわして理想の生き方を手に入れてほしいと思います。

第4章

人に「寄り添う」とは、相手を知るということ

みんな「寄り添い」を勘違いしている

第3章でも述べたように、自分の考えや情報を効果的に伝えるためには、受け取る側の相手を理解する必要があります。相手がどんな性格で、何を好み、何が苦手なのかなど、相手についての理解が深まれば深まるほど効果的な伝え方ができます。そこで本章では、八角形サイクルの六番目「人を知る」の部分を掘り下げて解説したいと思います。

最初に結論から申し上げると、**相手を知るのに最良の方法は、謙虚な姿勢で相手に寄り添うことです。**そうすれば相手も心を開いて本心を見せてくれるし、信頼関係もできていきます。

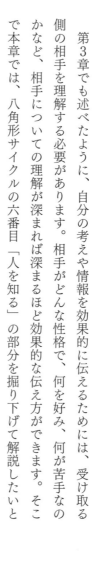

では「寄り添う」とはどういうことなのでしょうか？

「寄り添う」を辞書で引けば「もたれかかる、そばに寄る」のように物理的・身体的に近くに寄ることだとありますが、日常的にこの言葉を使うときは「相手の気持ちに共感し、心情的に歩み寄る」という文脈で使っている人が多いでしょう。具体的には、相手の話をよく聞いてあげるとか、相手が何を考えているか想像して配慮することを「寄り添う」と呼んでいるわけです。

けれども、相手の言葉に耳を傾けるだけでは、本当の寄り添いとはいえません。

社員のC氏も、寄り添いを勘違いしていた一人です。彼に部下（店長）との面談を任せると、いつも相手の話をウンウンと聞くだけで帰ってきてしまいます。店長が業務に関する不安や本部への不満をもらしても「そうですよね、わかります」と同調するだけで、自分からは何も意見を言わないのです。

おそらく彼は、「いい人に見られたい」という気持ちが強いのでしょう。へたなことを言って反発を招いたり、敵をつくったりするのが嫌だから、自分からは何も言わずに相手の話をただ聞いて帰ってくるのです。

けれども、こうした対応はお互いのためになりません。店長は言いたいことを言えてスッキリするかもしれませんが、その意見は本当に妥当なのか、状況を改善するためには何が必要なのかといった討論がなされないならば、単にグチを垂れ流したのと同じことになってしまいます。

しかも店長は「何も反論せずに話を聞いてくれたということは、Cさんは自分の話に納得したのだろうから、きっと何とかしてくれる」と期待します。ところがC氏には、店長の要望を実現しようという考えに至りません。というよりも、店長の要望には実現できることとできないことがあるのに、それを説明せずにただ聞き役で終わってしまった時点で、コミュニケーションが成立していないのです。当然、店長はC氏に失望して「この人には何を言っても無駄」とみるようになります。

巷《ちまた》には「寄り添う」という表現があふれていますが、本当の意味で相手に寄り添うためには、お互いに話し合うことが何よりも大事になります。そんなの当然のことだと思うかもしれませんが、できている人は多くはないでしょう。

思い込みは、すれ違いを生み出してしまう

一般的に、寄り添うという行為は、親が子に寄り添う、上司が部下に寄り添うというように「上から下」に対して行われます。ただ、それは上の人のほうが心に余裕あることが多いからそうなりがちだというだけで、**寄り添いには本来、上も下もありません。**相手をよく知りたいと思ったら、立場や年齢に関係なく、自分から寄り添っていけばいいのです。

私は今、たまたま会社のトップにいる関係で、本書では上司からの歩み寄りの事例が多くなっていますが、新人やアルバイトが店長に寄り添うのだって全然おかしくないし、相手をよく知って**人間関係を良くしたいのなら、立場に関わらずどんどん寄り添いを実践してほしいと思います。**

むしろ「自分は上司／部下だから」「私のほうが年上／年下だから」なんていう意識は、人間理解の妨げにしかなりません。役職や年齢に関係なく、同じ横並びの人間

としてフラットに話し合ったほうが絶対にうまくいきます。

でも、これは意外に難しいようです。

ある社員は、上司（店長）への不満をため込んだ末に「あの人の元ではもう働きたくない」と言って辞めていきました。辞表を受け取った際、私が「なんでもっと前に相談しなかったん？」と聞くと、彼は「あんな〝圧〟を出されたら無理ですよ」と答えました。店長は常に高圧的で、とてもじゃないけど相談できる雰囲気ではなかったというのです。

このように、部下が寄り添いたいと思っても、上司が話しかけにくい雰囲気を出しているために寄り添いが実現しないというのは、よくある話です。

しかも多くの場合、上司の側にはその自覚がない。むしろ「俺は部下と仲良くできていますよ」なんて思っていたりするのです。

仲がいいと思っているのは自分だけで、部下は「この人に逆らったら不利益をこうむるのではないか」とおそれて、話を合わせているだけなのかもしれません。そういう偏った関係だと、表面的にはうまくいっているように見えても水面下で不満がたまり、いつか爆発してしまうでしょう。

これは上司の側が気をつけるしかありません。

上司は部下に指示を出したり育てたりする立場なので、普段は上司としてふるまう必要がありますが、業務を離れて人として向き合うときは、上下関係はリセットする。上の立場にいる人は、このことをぜひ心にとめておいてください。

優秀な人は例外なく「寄り添い」が上手

八角には、食品問屋や飲料メーカー、オフィス機器の代理店や厨房設備の会社など、いろいろな会社の営業さんが出入りしています。彼らと長年お付き合いして思ったのは、優秀な成績をあげている営業マンは例外なく、お客様に親身に寄り添っているということです。

ここでいう寄り添いとは、どうすれば相手が喜んでくれるか、自分は相手のために何ができるかを考えながら、双方向にコミュニケーションを取ることを言います。

たとえばコピー機の営業であるXさんはとにかくフットワークが軽く、コピー機の調子がおかしいと連絡すると、すぐに飛んできて対応してくれます。彼の会社とはもう一五年くらいのお付き合いで、おそらく今ならもっと安くリース契約できるところはあるのでしょうが、私はXさんに絶大な信頼を寄せているので、相見積《あいみつ》もりを取ったことすらありません。

ビール会社の営業マンであるYさんとは、最初はまったくお付き合いするつもりはありませんでした。八角グループのビールはK社と決めていて、長いお付き合いがあったからです。

ですから知り合いの社長から「おもしろい営業マンがいるから、ちょっと会ってあげてよ」と紹介されても、本当に会うだけのつもりでした。「うちはK社から変えるつもりはないよ」と念を押したうえで、社長の顔を立てるためだけに、一度だけのつもりで食事に行ったのです。

その食事の場で、Yさんがビジネスの話をすることはありませんでした。ただ「社長、ビールとかは関係なしに困っていることはないですか」などと言って、さりげなくこちらの情報を聞き出すのです。

実をいえば、そのとき私はまさに困り事を抱えていました。第1章の終わりで述べたように、初の試みとして洋食店を出店すると決めたものの、洋食にはどんな飲み物が合うのかわからず、ドリンクメニューが白紙のままだったのです。Yさんの話術につられてそんな話をチラッと漏らしたところ、彼はその数日後、すばらしい〝お土産〟を持ってきてくれました。

そのお土産とは、洋食店で提供するドリンクの提案書です。それも、ただドリンクの種類を並べただけではなく、「最近の洋食店ではビールよりもノンアルコールビールが人気」「競合店の売れ筋ドリンクはこれとこれ」「このグラスを使うと美味しそうに見える」「グラスはこのように収納するとオペレーションがラクになる」など、こちらが喉から手が出るほど欲しい情報をどっさり持ってきてくれたのです。

私はYさんに対して、悩みの一端をほんのちょっぴり明かしただけで、そこまでくわしく状況を説明したわけではありません。しかし、彼はそのわずかな情報から私の気持ちを汲み取り、的確な情報を伝えてくれました。

「これにするわ」

私はその場でYさんの提案を受け入れました。

調味料メーカーのZさんも、顧客に寄り添い、顧客の懐に飛び込むのが上手な人です。この人とは酒屋さんの紹介で会ったのですが、こちらが何も発注しないうちから八角のためにいろいろ動いてくれて、「草野球のメンバーが足りない」と言えば、忙しい合間を縫って助っ人に来てくれたほどでした。

そんなふうに交流を重ねるうちに、彼の会社でしか扱うことができない特別な調味料がスープの隠し味によさそうだという話になって、八角専用の調味料を共同開発することになりました。Zさんは、その功績で営業成績日本一に輝いたそうです。

この三人に共通するのは、自社の商品をガツガツ売り込もうとするのではなく、顧客である私に親身に寄り添い、ニーズに合った提案をしてくれたことです。彼らがもし、八角よりも自社の利益を最優先するような言動を見せていたら、私は彼らと契約をすることはなかったでしょう。

相手の「タイプ」を知れば、ちょうどいい「伝え方」が見えてくる

自分本位ではなく、相手のためを思って「寄り添い」を実践していると、だんだんと相手の性格（タイプ）がわかってきます。

私はもともと、自己流で相手のタイプを見極めていたのですが、あるとき、知人の紹介で、帝王学を学ばれている方と出会いました。その方は生年月日で相手の相性がわかるのです。その方からいろいろと教えていただき、以前よりも明確に相手のタイプを把握できるようになりました。


人の考えや好みはそれぞれ異なっているのが当たり前で、一〇〇人いれば一〇〇通り、一〇〇〇人いれば一〇〇〇通りの性格があります。とはいえ一〇〇〇人が一〇〇〇人、まったく似ても似つかない人かといえば、そうではありません。

人間の性格は千差万別ではあるけれど、おおまかに一〇〜二〇くらいのタイプに大

別することができます。その証拠に、古代中国で生まれた陰陽五行から最近流行《はや》りのネット診断まで、占いや性格診断の類では必ずといっていいほど人間を数種類のタイプに分類して、性格や運勢、相性などを読み解いています。

私自身も、無意識のうちに周囲の人々をいくつかの類型に当てはめて「この人は〇〇タイプだから、こういう言い方をすれば響くだろう」というようにコミュニケーションに応用していました。

そのことに気付いた私は、これを普遍的なノウハウに落とし込めないかと考えました。そして試行錯誤の末、これまで無意識にやっていた「タイプ分け」と「タイプに応じた対応」のやり方を言語化し、体系化することに成功しました。それが本章の後半で紹介する「一〇分類」です。

人間を一〇のタイプに分類し、相手がどのタイプか見極めたうえで、そのタイプにふさわしい方法で情報を伝える――。この方法を幹部社員に試してもらったところ、効果は絶大でした。

特に前述の幹部社員C氏は、タイプ別の接し方を学んだことで大きく成長を遂げました。彼はどちらかといえば口下手で、たとえば部下に異動の辞令を伝えるときでも「来月から△△店に異動です」と事務的に決定事項を伝えるだけで、異動の理由や激励の言葉などは口に出しません。話したところで辞令の内容が変わるわけではないのだから、説明の必要はないと考えていたのです。

それは、彼が冷たい人間だからではありません。世の中には、決定事項だろうが何だろうが細かく説明してほしい人もいるということが、一般論としてはわかっていても、ハラオチして理解できていなかっただけのことなのです。

人間の性格は大きく一〇のタイプに分けられること。同じ人間でも、タイプによって好みや考え方はまったく違っているから、同じ言い方をしても響く人と響かない人がいること。相手がどんなタイプかわかると、適切な伝え方もわかること――。

そうしたことを一つひとつ説明し、タイプ別の伝え方を実践してもらった結果、彼はかなり寄り添いがうまくなり、必要事項だけ伝えて面談をさっさと切り上げてしまうようなことはなくなりました。それどころか、先日の面談ではなんと三時間も店長と話し込み、最終的には店長のごくプライベートな悩み事まで引き出したというのですから、大したものだと思います。

自分の「タイプ」がわかると、やるべきことが見えてくる

本章で紹介するタイプ診断は、相手を知るだけでなく、自分を知って成長するための指標にもなります。

自分の性格は自分が一番わかっていると思う人もいるでしょうが、ものごとにはすべからく表と裏があります。他人のことは球体思考で考えられる人でも、こと自分のこととなると、「こうありたい」という願望も入り混じって、正しく認識できないことが多々あります。

そんなときに役立つのが性格診断です。

本書のタイプ分類では、それぞれの性格の特長や長所・短所を紹介しています。まずは全体をざっと読み、普段の自分の言動と照らし合わせて最も近いと思うタイプを探してください。複数のタイプに当てはまると感じたなら、最も近いタイプをメインに、別のタイプの性質も兼ね備えていると理解してかまいません。たとえば私の場合、

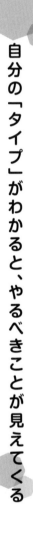

一番しっくりくるのは伝え上手な「太陽タイプ」ですが、人のためにお金を使うのが好きなあたり「山岳タイプ」の性格も兼ね備えていると思います。

このように見ていくと、今まで意識していなかった自分の新たな一面に気がつきます。たとえば大勢の前で話すのが苦手な人は、一対一のコミュニケーションならむしろ得意だったりします。そういう人は、なるべく一対一の対話に持ちこむような努力をしつつ、どうしても大勢の前でプレゼンしなければならないときには、言葉だけではなく資料や図を活用すればいいのです。

人によっては「こんな性格は嫌だ、変えたい」と思うかもしれません。でも、生まれ持った性格を変えようとしたり、本来の性質に反することをしたりするのは非常に負荷が大きくストレスを感じたりする場合もあります。かくいう私にも「騙されやすい」という残念な一面があり、できることならもう少し注意深い性格になりたいと思ったりもするのですが、それは変えたいところを意識した生き方をすることで変えることができるはず。それよりは手持ちのコマ——私の場合は「伝える力」や「人を集める力」で欠点をどうカバーしていくかを考えた生き方をするほうが、はるかに建設的というものです。

自分のタイプがわかると、自分が周囲からどう見られているかもわかります。ビジネス上の人付き合いにおいては、そのイメージから大きく逸脱しないほうが信用を得やすくなります。

たとえばD氏は後述の一〇分類でいうところの典型的な「田園タイプ」で、コツコツまじめに努力するのが得意です。だから周囲からも「誠実な人だ」と見られているのですが、彼には意外にひょうきんな一面があって、ときどきヘタな冗談を飛ばしたりします。

普段からおもしろキャラで通っている人なら、いきなりつまらないギャグをかましても「くだらんな〜」と笑ってもらえるでしょう。でも彼の場合はまったくそんなイメージがないから、いきなりギャグを言われると相手はぎょっとして固まってしまい、笑っているのは自分だけという〝大惨事〟が起きてしまいます。

親しい友人の前ならともかく、同僚や取引先といったビジネス上の付き合いの場合は、自分のすべてをさらけ出す必要はありません。自分が周囲からどう見られているかを意識し、誠実な人だと思われているなら、その期待に応えるような言動を心掛けた方が、お互いに安心してお付き合いできるのです。

建設的な話し合いがしたいなら、相手の「長所と短所」を見極める

本書で何度か言及してきたように、相手に伝えようとしても伝わらない理由のナンバーワンは「わかりにくさ」です。どこかで聞きかじった話をアレンジもせずにそのまま話しても、つまり自分でもイマイチわかっていない（ハラオチしていない）ことを伝えようとしても、まず伝わりません。

実は、それに次いで多いのが「信頼関係がないから聞いてもらえない」というパターンです。自分がいくら寄り添おうと思っても、相手が心を閉ざして壁をつくっているうちは、何を言っても跳ね返されてしまい、言葉が届きません。特に耳が痛いような話をする場合――たとえば仕事上のミスを指摘したり、企画案にダメ出しをしたりするケースでは、信頼関係ができていないと馬の耳に念仏になってしまいます。

こうした問題は、時間をかけて信頼関係を築くしかないと思われがちですが、そんなことはありません。本章のタイプ診断を活用して「ある作戦」を実行すれば、問題

は瞬時に解決できます。

その作戦とは「まず認め、そのうえで指摘」する作戦です。

どんな人でも、自分を認めてくれる相手には心を許します。今の今まで「嫌な上司だ」と思っていたとしても、その上司が自分の褒めてほしいところをピンポイントで褒めてくれたら「この人は私のことをわかってくれている」と思い、上司の言葉を聞く気になります。そのタイミングで切り出せば、ネガティブな指摘にも耳を傾けてくれるはずです。


実例をあげてご説明しましょう。

八角にはE氏という「草原タイプ」の店長がいます。人当たりがよく、部下やアルバイトからはおおむね好かれているものの、彼の人間関係はやや表面的で、心の底では他人を拒絶するところがある。誰かに意見されれば「そうですね」とうなずくものの、心の底では「そうじゃないんだよな」と思っている。表面化はしにくいけれど、自分の考えを曲げるのが苦手なのです。

最初は彼に懐いていたスタッフも、だんだんと「Eさんは話を聞いてくれているようでいて、実際には聞いていないよね」と不信感を持ちはじめていました。

そこで私はE氏との面談の際、彼の人当たりのよさやリーダーシップを称えたうえで、彼の課題を次のように指摘しました。

「キミが慕われとるのは、みんなの話を聞いてあげられる性格やからやで。でも心の中では自分の考えが一番いいとおもっとって、本当の意味では聞いてあげてないやろ。それはまあ性格やから、今すぐ変えろとは言わん。でも人を疑ってばっかりやと、自分が成長できんくなるよ。逆に、部下やバイトの意見をもう少し真剣に聞いてあげたら、もっと好かれてもっと評価が上がるはずや。キミはもっと伸びるはずやから、意識してやっていこな」

E氏もこのときは本心から「そうですね」と納得してくれたようで、面談後は彼の短所も徐々に改善されていきました。

このように相手の長所を褒めてあげるためには、相手を知らなければなりません。

いいかげんにお世辞めいたことを言うと、かえって溝を深めてしまいます。

そこで活用してほしいのが、本書の「タイプ診断」です。

次項からご紹介する一〇種類のタイプには、それぞれ「褒めポイント」（長所）と「改善ポイント」（短所）を記載しています。各タイプの人に何かを伝えるときは、まず褒めポイントに言及したうえで本題に入ると、非常に伝わりやすくなります。

改善ポイント（短所）を併記したのは、性格診断の参考にしてもらうためです。他人のマイナス面ばかり目につく人は、まず短所から検索することで相手を知るという手もあります。褒める部分がないように思える人でも、短所の裏側には必ず長所が隠されているからです。

前置きが長くなりましたが、次からはいよいよ「一〇タイプ」の説明に入りたいと思います。

あなたのタイプは？　気になる人のタイプは？　読みながら考えてみてください。

タイプ

1 とにかく一徹な 大木タイプ

褒めポイント 一度決めたことは最後までやり遂げる

改善ポイント 度がすぎると人の意見に耳を貸さないことも

他人は他人、自分は自分——。周りに流されることなく自分を貫くことができる強い意志の持ち主は「大木タイプ」で、大地に力強く根を張った大木のごとく多少のことには動じません。

大木タイプには確固たる軸があるため、自分が納得してはじめたことならなにがなんでもやり遂げます。それは逆にいうと、自分のポリシーに反することや納得できないことはやろうとしないということでもあります。

また、自分軸が強すぎるがゆえに、往々にして他人の意見に耳を貸さないことがあります。一〇人中九人が「それは違う」と反対しても「理解してくれないのなら別にいい」「一人でもわかってくれたら十分」と考える、ある種の強さを持ち合わせているのです。

これまで繰り返し述べてきたように、誰かに何かを伝えるためには、まず相手に寄り添い、長所を褒めてから本題に入るのが鉄則です。けれども大木タイプにはその戦術が効きにくい。褒められて心を許したとしても、意見を聞き入れるかどうかは別問題です。大地に根を張った大木を動かすのは、それだけ困難というわけです。

だから大木タイプの上司や部下がいる場合は、こちらの思惑通りに動かそうとするよりも「基本的にはあなたのやり方でいいけれど、なるべくこういう風にしてほしい」と譲歩するほうが、トータルでみると労力は少なくてすみます。「あの人ばっかりズルい」と言われるかもしれませんが、大木タイプは自分が決めた道ならば途中で投げ出すことなく確実に結果を出してくれるはずなので、周囲にもそういう面を認めてあげるよう伝えてみてください。

タイプ

2 表面的にはフレンドリーな 草原タイプ

褒めポイント 人間関係を築くのが得意で、リーダーシップがある

改善ポイント 柔軟さもあるが、本質的には自分が思うところに誘導しがち

誰に対してもフレンドリーで、どんな人とでも仲良くやれるのが「草原タイプ」の強みです。年齢や上下関係をあまり気にしないので、目上の人からは「生意気だ」と思われることもありますが、部下や後輩からは好かれるのでリーダーに向いています。

ただし草原タイプの社交性は、ともすると表面的になりがちです。先ほど例にあげたE店長のように、うわべでは人の意見に耳を貸しているようでいて、その実、自分が思うところに誘導しようとする傾向があるのです。

風が吹けばそよそよと揺れ動く草原は、どっしりとした大木とは真逆のようですが、確かな根っこを持っているという点は共通しています。大木ほどではないにしても、草原にも頑固な一面があるのです。

ただ草原タイプは大木タイプよりもずっと柔軟で、組織の中でうまく立ちまわることに長《た》けています。欠点が表面化しにくいので、上司から注意を受けることも少ないでしょう。

とはいえ、ぬるま湯のような立場に甘んじていては成長は望めません。最初のうちこそ部下や後輩に好かれるかもしれませんが、「この人は他人の話を聞いているようでいて実際は聞いていない」と見抜かれると、あっという間に心が離れていってしまう可能性もあるので気をつけてください。

タイプ

3 天性の伝え上手 太陽タイプ

褒めポイント 観察眼に優れ、大勢に対して自分の考えを伝えるのが得意

改善ポイント 「楽しければいい」と自分に甘いところがある

あなたの周りにも、明るくおしゃべりが好きで「人生楽しくてなんぼ」みたいな人がいるのではないでしょうか。それが典型的な「太陽タイプ」です。

太陽タイプは、一見すると能天気にはしゃいでいるだけのようにも思えますが、実は優れた観察力を持っていて、相手のリアクションやその場の雰囲気、過去のデータなどを冷静に見ながらコミュニケーションを取っています。

観察眼があるということは、八角形サイ

クルの六番目「人を知る」に長けているということでもあります。それと天性の話し好きが掛け合わさることで、太陽タイプは一〇タイプ中きっての「伝え上手」となり、その言葉はまさに太陽のごとく数多《あまた》の人を照らします。

一方、太陽タイプの人は特に意識しなくても伝え力が高く、人生も仕事も要領よくこなせてしまうので、コツコツ勉強したり、自分を厳しく律したりするのは苦手という享楽的な一面があります。

また、太陽タイプの明るく大らかな性格は多くの人に好まれますが、厳格でまじめな人とは相性がいまひとつで、いつものノリで接していると「ふざけたやつだ」と不興を買ってしまう可能性があります。

タイプ

4 繊細で完璧主義な 焚火タイプ

あなたもしかしてこんな悩みを抱えていない？
時間がかかるなあ…
ゾロゾロ…
えっ どうしてわかるの

褒めポイント 一対一のコミュニケーションが得意で、クリエイティブな面もある

改善ポイント 完璧へのこだわりが強く、行動が遅れがち

太陽があまねく大地を照らすのに対して、焚火《たきび》の照らせる範囲は極めて限定的です。強い風が吹けば炎は揺らぎ、雨に降られれば消えてしまいます。

このように説明すると、なんとも頼りなく感じる「焚火タイプ」ですが、実は優れた面もたくさん持っています。

焚火の光は遠くまでは届かない、つまり太陽タイプのように大勢に向けて発信することはできないものの、一対一でのコミュニケーションなら、むしろ太陽タイプより

も得意です。だから焚火タイプの人が大勢に何かを伝えたいと思ったら、みんなを一堂に集めて話すのではなく、時間はかかっても一人ずつ個別に説明していったほうが、確実に伝えることができます。「そんな時間はない」というのなら、せめて初回だけでも一対一で練習を積み、話し方などを練習したうえで大勢の前に立ってください。八角形サイクルの四番目「繰り返しやってみる」を特に意識してほしいタイプです。

また、クリエイティブなセンスの持ち主が多いのも焚火タイプの特長です。トークがあまり得意ではない分、絵や音楽、文章、料理など、違う形で自分を表現するわけです。

焚火タイプの弱点としては、前述のように大勢に向けた発信が苦手であることに加え、行動が遅くなりがちだということがあげられます。というのも、芸術家肌の焚火タイプには完璧主義者が多く、「完璧に準備ができるまでは動き出せない」と考えてしまうからです。そんな繊細な焚火タイプに対して「キミはここがよくない」とストレートに指摘すると、傷ついて殻に閉じこもってしまう可能性があるので、このタイプの人に注意するときは言葉遣いに気をつけてください。

タイプ

5
人に尽くすのが好きな
山岳タイプ

ステキな人たちにはサポートしたくなっちゃうな
しめしめ…だましとってやろう

褒めポイント 人が良く、誰にでも好かれる

改善ポイント 騙されやすい、自分が大好き

山々には、美しい山容や湧水、肥沃《ひよく》な土壌といった多大な恵みをがあり、人々にその恵みをもたらし愛されています。その山々のごとく、周囲に奉仕して愛されるのが「山岳タイプ」の特長です。

山岳タイプは、周りの人に喜んでもらえることに喜びを感じるので、みんなが喜んでくれそうなことには惜しみなくお金を使います。人が喜びそうなことに投資するというのはビジネスの基本でもあるので、山岳タイプは経営者や投資家にも向いている性格といえます。

そういう人のところには自然と人が集まってきます。人が集まるのは基本的にはいいことなのですが、困ったことに、悪い人をも呼び寄せてしまうこともあります。人の頼みを断るのが苦手で、悪意ある人にコロリと騙されてしまうのが山岳タイプの最大の弱点です。私が詐欺にひっかかってしまったのも、山岳タイプの一面が災いしたのです。

ですから自分が山岳タイプだという自覚がある人は、〝おいしい話〟は疑ってかかることを覚えてください。慎重な田園タイプを参謀にして、重要な決定をするときは意見を聞くようにするのもいいでしょう。

山岳タイプの上司や部下はとにかく人から好かれたり、感謝されたりすることに喜びを感じるので、普段の言動に対して「ありがとう」と伝えるだけで、あなたのためにがんばろうとやる気を出してくれるでしょう。

タイプ

6

コツコツ努力が得意な 田園タイプ

田園さーん 今日の飲み会…
今、話しかけないでもらえますか
…失礼…

褒めポイント 地道な努力を重ねて、周囲から信頼を勝ち取る

改善ポイント 用心深すぎて排他的・消極的になりがち

威風堂々たる山岳とは対照的に、田んぼや畑は目立たないけれども人々の暮らしの根幹を支えています。そんな田園に名を借りたのは、このタイプがコツコツと地道な努力を重ねていくことが得意だからです。

「田園タイプ」はお金の使い方も山岳タイプと対照的で、臨時収入があってもバーッと使ったりせず、堅実に貯蓄にまわします。

仕事ぶりも地味ではあるものの、長い目でみれば着実に目標に近づくことができるので、会社を転々としたり、やみくもに部署移動をしたりせず、一つの職場で長く働くことで大きな成果を得られることでしょう。

欠点は、ため込むばかりでアウトプットが苦手なことです。お金にしても知識にしても、ここぞという場面で効果的に使えば大きな価値を生むものなのに、躊躇しているうちにそのチャンスを逃してしまう。はたから見ると、こんなにもったいないことはありません。

アウトプットを阻むのは、持ち前の用心深さです。社会人たるもの、ある程度の慎重さは必要ですが、時には自分の考えはひとまず横に置いて人の意見を取り入れ、勇気を持って一歩踏み出してみてください。もとより知識の蓄積量は十分にあるので、それをうまくアウトプットできれば、驚くほど才能が開花するかもしれません。

タイプ
7
戦士タイプ
単独でどんどん突き進む

褒めポイント　自分で考え、自分で判断し、スピーディに動ける

改善ポイント　周りがついていけず孤立しがち

「戦士タイプ」は一匹狼で、何事もテキパキとスピーディにこなす半面、集団行動が苦手で、ものごとをじっくり考えるのも好きではありません。九〇ページで紹介した店長はその最たる例で、「トロトロした人に任せるくらいなら自分でやるわ」と言って何でも自分でやってしまいます。長時間働くのも苦にならないタイプなので、アルバイトが辞めて自分のシフトが増えてしまっても平気です。

それどころか「人が少ないほうが効率よ

く動ける」と思っているほどで、実際、彼の店舗はトップクラスの利益率を誇っています。

戦士タイプの中には、自分が攻撃的だという自覚がない人もいます。店長に言わせれば「トロトロせんと、はよやって！」「一回言うたら覚えてよ！」といった声かけはごく正当な要求であって、相手を攻撃している気はさらさらありません。でも、そうした無遠慮な言葉や、〝スピード命〟でガンガン突き進む姿勢を「攻撃的だ」と感じる人は少なくありません。

戦士タイプの人が孤立してしまうのは、知らず識らずのうちに人を傷つけているからです。身に覚えがある方は、そうした自分の特性を自覚し、周囲にプレッシャーを与えすぎないように気をつけてください。部下のスピードに合わせてあげられるようになれば、見違えるほどいい上司になるはずです。

なお、戦士タイプの人に何かを伝えたいときは、複雑な言いまわしをしたり、遠まわしにほのめかしたりするのは逆効果なので、思ったことをストレートに言葉にして伝えるのがいいでしょう。

タイプ

8

組織のために働くのが好きな

軍師・参謀タイプ

褒めポイント きっちりしていて、組織のことを考えて行動できる

改善ポイント プライドが高く精神的にもろい

自分がどうしたいかということよりも、常に組織の利を考えて行動するのが「軍師・参謀タイプ」です。自分が所属する組織にプライドを持っているので、組織を悪く言われると傷つくし、「ライバル社に負ける要素はないはず。我が社がナンバーワン」という気概を持って組織に貢献してくれる、心強い存在です。

一方、プライドの高さは時に精神的なもろさにもつながります。美しい宝石がちょっとした衝撃で欠けてしまうように、軍師・

参謀タイプの人も自分や組織を攻撃されると弱く、プライドを守ろうとするあまり、他者に対して攻撃的になることさえあります。

そんな軍師・参謀タイプは、周囲には「まじめで責任感が強い、きちんとした人」と映ります。なので、人前でいきなり戯《おど》けたりすると「きちんとした人」というイメージから一転して人を驚かせしまうことがあるのでご注意ください。

また、軍師・参謀タイプに何かを伝え、頼み事をしたいときは、冗談でも相手のプライドを傷つけるような言い方をしてはいけません。反対に、組織への貢献を高く評価すれば、快く話を聞いてくれるはずです。

タイプ

9

チャレンジ大好き

大海原タイプ

褒めポイント チャレンジ精神旺盛で、新しいことに臆せず挑む

改善ポイント 興味がないことをやりたがらない

「ゆく河の流れは絶えずして、しかも、もとの水にあらず」といいますが、海の流れはそれよりもはるかにダイナミックに動き続けています。そんな大海原に象徴されるこのタイプは、一つの所にとどまることなく、常にロマンを求めて開拓を続ける冒険者の質を持っています。興味があることに対しては貪欲に突き進むので、仕事でもプライベートでも、ぴったりハマる何かがあれば大いに活躍してくれます。

新しいことが大好きで、誰も思いつかな

いような斬新なアイディアを出してくれるのもこのタイプの特長です。

ただ、発想が大胆すぎて、周りがついていけないこともあります。たとえばキャッシュレス決済のサービスが登場するや「こんな便利なものはない！ もう現金払いは一切やめて、キャッシュレス決済だけにしよう」などと極端なことを言い出して、周りを唖然とさせたりします。

また、興味がないことには「それは私の仕事じゃない」とばかりに一切やる気を見せません。つまらない仕事をさせられるくらいなら、会社に見切りをつけて転職しようと考えます。

こういう人材に対しては、好奇心や探究心を活かせるように働きかける一方、極端に走りすぎないよう、それとなくマネジメントしていく必要があります。大海原タイプは、先輩たちのやり方にならうよりも、自分がまず経験して学びたいという欲求が強いので、最初から「この通りにやれ」と強制するのではなく、ある程度の失敗は覚悟のうえで、できるかぎり自由にチャレンジさせて体験を積ませてあげるといいでしょう。

タイプ

10 学者タイプ

常識的で勉強熱心な

褒めポイント 学習能力が高く、流行に流されない

改善ポイント 頭が固いわりに染まりやすい、言葉で相手をねじ伏せようとする

たとえば初めてボルダリングに挑戦しようというとき、前項の「大海原タイプ」なら、とにかくやってみて身体で覚えようとしますが、「学者タイプ」はまず『ボルダリング入門』といった本を読み、理論を学んでから実践しようと考えます。このように、行動よりもまず頭で理解しようとするのが学者タイプの最大の特長です。書籍や先人の知恵から学ぼうとする気持ちが強く、プライベートでは歴史小説や伝統芸能などを好んだりします。少々理屈っぽいところ

はあるものの、地頭が良いので、学んだことはどんどん吸収していきます。特に、権威ある古典的作品や目上の人の意見などは素直に受け入れます。

ただ、その素直さ、染まりやすさは時と場合によっては危険でもあります。悪い色に染まらないためには、いくら尊敬する人の言葉でも無批判に受け入れるのではなく、自分の頭で良し悪しを考える癖をつけることが大事です。

また、学者タイプは温和で争いを好まない性格ですが、意見が対立した場合は、持てる知識を総動員して言葉でねじ伏せようとすることがあります。プライドの高い相手にこれをやると人間関係がこじれてしまうので、くれぐれも気をつけてください。

学者タイプは、目上の人の意見は素直に受け入れることが多いので、上司の側からするとものごとを伝えやすく、扱いやすい相手といえます。しかし、だからといって雑に対応していいわけではありません。ほかのタイプに伝えるときと同様、まずは長所（この場合は勉強熱心で知的な面）を褒めてから本題に入れば、より素直に耳を傾けてくれるでしょう。

一〇タイプ診断はいかがでしたでしょうか？　自分自身のタイプを見極めるためのヒントとしていかしてください。

第5章

自分も相手も幸せにする、魅力的な「伝え方」

「伝わる」ことを前提とせず、「どうしたら伝わるか」で考える

どんなにすばらしい情報でも、相手に理解されない形で伝えてしまうと、無価値なものになってしまいます。なのでそうしないためには、まずは自分の中で解像度を上げることが大切です。

以前こんなことがありました。あるときテレビを見ていたら、予備校講師の林修《はやしおさむ》先生が「勝ち組という言葉が流行っているが、注目すべきは負け組のほうだ。勝ち組はたまたま勝つことがあるが、負け組が負けるのには理由がある。それは『思い込み、慢心、情報不足』だ」というような話をされていました。私は「なるほどなあ」と大いに感心し、この話を社員のみんなにも教えてあげたいと思いました。でも、私が「負け組の法則」の概要をそのまま話しても、おそらく相手にはイメージがわかないでしょう。私が林先生の話を聞いてスッと理解できたのは、先生の話し方やニュアンスがわかりやすかったからであって、話者が変われば印象はガラリと変わります。それに

私自身、「負け組の法則」を完全に消化できているかといえば、できていない。自分でもハラオチしていないことを伝えようとしても、伝わるはずがありません。

そこで私は、まずは自分自身にこの話題をより深くハラオチさせるためにも、次のように考えます。

「競合店が出店することを知らなかった（情報不足）。でも焦る必要はないだろう。このエリアでうちの店が負けるはずがない（慢心）。一時的に目新しさからお客様は流れるかも知れないが大丈夫。だって地元の方たちに親しまれているし、イベントもこれ以上ないものを提供し続けている。その反応も上々。だから負けるはずない（思い込み）」

もし、自分がこんな甘い考えで経営をしていたとしたら怖いな……といった感じで、伝えたい話題を自分の身にあてはめたり、馴染みのあるシチュエーションに置き換えたりすることで話の内容をしっかりとハラオチさせます。

そして次に、これを社員に伝えるなら、どんなたとえを用いれば身近に感じてもらえるか、理解しやすいかを考えます。実際にこのときは、スポーツ界でこの話をたとえるのにピッタリの旬《しゅん》な話題があったので、それになぞらえて社員に伝えました。すると「たしかにそうですね」とすぐに理解してくれました。

このように、習ったことや見聞きしたことをそのまま伝えるのではなく、まずは自分自身にハラオチさせ、そのうえで「身近なたとえや、馴染みのある言葉を使い説明できないか」と考える習慣をつけると、伝え力は劇的に高まるでしょう。

「わからなかったら質問して」と言う人になってはいけない

「伝え力」が高い人は、周囲の人々と良好な関係を築き、仕事や集団生活をスムーズに進めることができます。学生から社会人まで、あらゆる人にとって有用なスキルといえますが、とりわけ「リーダー」や「上司」といわれる立場の人は、伝え力を積極的に磨いてほしいと思います。

というのも、一昔前の日本企業では「仕事は見て覚える」のが当たり前で、新人に対して仕事のコツを手取り足取り教えるようなことはありませんでした。令和の今でも、自分自身が「見て覚えろ」と言われて育った世代の中には、いまだに「教えてもらうのを待っているようではダメ」「新人たるもの、自分から仕事を覚えにいくのが当たり前」という意識の人がいます。

でも、昭和生まれにとっての当たり前と、平成生まれにとっての当たり前は違います。いつまでも昭和の感覚でやっていたら、若い人は愛想をつかしてどんどん辞めてしまいます。

変わらなければならないのは若者ではなくベテランのほうです。「ここまで教えたら、あとはもうわかるやろ」と突き放すのではなく、どんなふうにやればうまくいくのか、自分が知っている知識やコツを惜しみなく教えてあげる度量が、現代のリーダーには求められているのです。

もちろん教わる側は、コツを聞いたところですぐにできるわけではなく、実際に習得するには何度も試行錯誤する必要があるわけですが、それにしたって「自分でやって覚えろ」と放り出されるのと、「こういう手順でやればうまくいく」と教わってやるのとでは、モノになるまでのスピードが違います。働き方改革や業務の効率化を進めるうえでも、仕事のコツなどはしっかり伝えて育てることが大事なのです。

また、ある一定以上の世代の人にとっては、仕事でわからないことがあったときは「下から上」に質問するのが当たり前でした。だから自分も、部下や後輩に「わからなかったら質問して」と声をかける。そう言っておけば、下の人は気兼ねなく質問しに来るだろう思っているのです。

しかし、それも大きな勘違いです。

立場が下の人にとって、上司や先輩に質問するのは少し勇気がいる行動です。特に上司が威圧的だったり、いつもイライラしている人だったりすると、とてもじゃないけど話しかけられません。勇気を出して質問に行っても、あからさまに面倒くさそうな顔をされたり、「そんなこともわからないのか」とため息をつかれたりすることがあります。

するとどうなるか。新人は「質問は必要最小限にしなければならない」「わからないというのは恥ずかしいことなのだ」と誤学習し、質問するのを我慢し、わからなくてもわかったフリをしてしまいます。これではいつまでたっても人材が育ちません。

そんな事態に陥らせないためにも、下からの質問を待つのではなく、上司のほうから歩み寄り「わからないことはないか」と声をかけるようにしてください。その場合でも「わかっているのか？」というように〝わかって当然〟というニュアンスで詰め寄ると、相手は委縮して、わかっていなくても反射的に「わかっています」と答えてしまいます。そうではなく、本当に部下が困っていないかどうかに気を配り、**わからないことがあれば喜んで教えてあげるというスタンスで接してください。**人に寄り添うとはそういうことです。

ホウレンソウの「時間軸」を意識すると、ものごとは勝手にうまくいく

ビジネスにおける「伝え力」の柱となるのがホウレンソウ、すなわち「報告、連絡、相談」です。普段からホウレンソウで意思の疎通を図っていれば、仕事が早く効率的に進むだけではなく、社員同士のコミュニケーションも密になって働きやすい職場ができあがります。

「ホウレンソウくらい知っている、やっている」という方は多いと思いますが、本当にそうでしょうか？　たとえばあなたは「報告」と「連絡」と「相談」の違いを説明できますか？　ごちゃまぜに使っていないでしょうか？

八角では、報告、連絡、相談それぞれの「時間軸」を意識し、三位一体でホウレンソウを実践するように指導しています。

どういうことか、くわしく説明していきます。

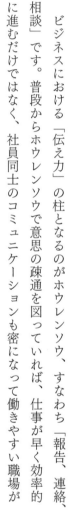

〈ホウレンソウの時間軸〉

報告＝あったこと（過去）
連絡＝これから起こること（未来）
相談＝いま抱えている課題（現在）

この時間軸を意識していれば、「ホウレンソウと言われても、何を報告・連絡・相談すればいいかわからない」ということにはなりません。

たとえばエアコンが壊れて修理が必要になったとします。対応を任された部下は、上司に対して「エアコンが壊れたので業者に修理を依頼しました。修理には五万円かかります」と伝えます。

この場合、部下はエアコンが壊れたという過去について「報告」し、修理に五万円必要になるという未来について「連絡」したことになります。

多くの人は、このやり取りだけで満足してしまうのではないでしょうか？

しかし、ここには「現在」という視点が抜けています。

エアコンが壊れた。この修理にはいくらかかる。それはそれとして、現在の自分に何ができるのかを考えて話し合う視点です。

この例でいえば「どうすればエアコンが壊れなくなるのか」という話し合いがそれにあたるでしょう。つけっぱなしにしない、こまめにフィルターを掃除するなど、今できる対策を話し合って実行する。それが「相談」するということです。単に悩みや困り事を聞いてもらうことが相談ではありません。

一つの問題点に対してここまでホウレンソウを徹底できれば、仕事上のミスや無駄は激減し、社員間での信頼関係も厚くなります。

自分ではしっかりホウレンソウをしているつもりなのに、**いまひとつコミュニケーションが希薄に感じる人は、ホウレンソウを勘違いしている可能性が高いです。**自分が普段やっているホウレンソウが「過去」「未来」「現在」をカバーできているかどうか振り返って見直してみると、きっとどこかが抜けているのでは、と思います。

時間軸に沿ったホウレンソウについて、他の例で見てみましょう。

八角では、どの店でも前年以上の売上を出すことを目標にしているのですが、ある店舗では売上が伸び悩み、このままでは到底目標に届きそうにない状態でした。店長は本部にこれまでの経緯を説明するとともに、「残り半年間で売上を一八〇万円増やさないと、目標は達成できません」という見通しを伝えました。

店長はこれでホウレンソウを果たしたつもりでした。売上が低迷している現状について報告・連絡し、「どうしましょう」と相談したつもりになっていたのです。

しかし実際に彼が伝えたのは、これまでの経緯（過去）と、あと半年で一八〇万円売上を増やさなければ目標が未達になるという見通し（未来）だけであって、そのためにいま何をすべきなのかという、最も大事な「現在」についての相談が抜け落ちていました。

相談とは、部下から上司に「どうしましょう」と丸投げすることでも、上司が部下に対して一方的に「こうしなさい」と答えを与えることでもありません。お互いがその問題を自分事として捉え、自分たちに何ができるのかについて、主体的に考えて話し合うのが相談です。

上司「残り半年で一八〇万円ということは、月三〇万円だから、一日あたり一万円売上を増やさなきゃダメってことだね」
部下「そうですね」
上司「一日一万円を営業時間一〇時間で割ったら一時間あたり一〇〇〇円か。八角の客単価は九〇〇円くらいだから、一時間に一人、お客さんを増やしたらいい計算だね。それくらいならできそうじゃない？」
部下「たしかに、できそうな気がします」
上司「じゃあ、そのために何をしたらいいかな。サービス券はちゃんと配っている？」
部下「配ってはいるんですけど、データを見ると他店よりリターン率が低くて……」
上司「それはつまり、リピーターが少ないってことだよね。お客さんがまた来たいって思えるような店づくりができてないんじゃないかな。キミだったら、お店の人に何をしてもらったらまた来たいって思う？」
部下「やっぱり、いつもありがとうございますとか、またお願いしますとか言われたら気分いいですよね」
上司「じゃあそれやろうよ。今日からやろう！」

こんなふうに、最初は五里霧中でも話し合っているうちに問題点が整理され、打開策も見えてくるのです。

相談だけで満足せず、必ず「報告」をする

経緯や事実を述べればいい「報告」「連絡」とは違い、「相談」を成立させるためには自分の頭でしっかり考えるければなりません。

それだけに、相談は多くの収穫をもたらします。先ほどの例でいえば「目標売上が達成できそうにない、どうしよう」と悩んでいたところに「まずは挨拶を徹底しよう」と一筋の光が差してくるわけです。

でも、それだけで満足してはいけません。ホウレンソウは相談して終わりではなく、相談の結果「では、こうしよう」という方針が決まったら、必ず「その後どうなった

か」を報告してください。うまくいかなかった場合には、再度相談して対策を練るのはもちろんですが、うまくいって問題が解決した場合でも、必ず「うまくいきました」と報告してほしいのです。

なぜなら、その報告が相手との絆を深めるからです。

「うまくいきました」なんていう報告は、してもしなくても同じだと思うかもしれませんが、そんなことはありません。相談を持ち掛けられた上司からすると、一緒に考えたアイディアがうまくいったら喜びを共有したいと思います。部下だって、いい報告をするのは嬉しいでしょう。

ただ、部下の側は往々にして気持ちや時間に余裕がなく、報告をあとまわしにしたり、忘れてしまうことがあります。ですから上司は、相談の最後に「これでどうなったか、来月あたり一回報告してな！」と一言添えてください。そうすれば部下も「なるほど、相談で終わるのではなく、報告もしたほうがいいんだな」とわかり、報告漏れのリスクがぐっと低くなります。

このほかホウレンソウには、仕事が遅い部下に対してそれとなくハッパをかける効果もあります。

仕事のスピード感というのは千差万別で、戦士タイプのように誰に何を言われずともガシガシ進めていく人もいれば、完璧主義の焚火タイプのようになかなか動き出さない人もいます。そんなスロースターターに対して「早くやって」と言っても、実はあまり効果がありません。最初のうちこそ「せっつかれたから急がなければ！」という気になるかもしれませんが、毎回毎回「早くやって」と言われ続けると、だんだんと言われ慣れして響かなくなります。

そもそも頭ごなしに急《せ》かされるのは気分のいいものではないので、やる気もあがりません。

そういうときはホウレンソウを求めればいいのです。

「あの件どうなったんか、夕方までに報告してな」
「悩んどるんなら一回相談しにきてな」

そんなふうに声をかければ、相手も自分が責められているとは思わないまま「やばい、そろそろやらなければ」と自分で自分を追い込んでいくでしょう。

なお、ここでは主に「下から上」に向けてのホウレンソウを取り上げましたが、ホウレンソウは部下だけがするものではありません。上司から部下にホウレンソウをしたっていいのです。いや、むしろ積極的にすべきです。

上司から部下へのホウレンソウとはどういうものかといえば、主として会社の方針や部署の状況などに関する報告・連絡・相談です。

これまでの取り組みの成果を報告し、これから会社が目指す方向性や目標を連絡し、そのための具体的な方策について相談して意見を募る——。

「会社の方針は上だけで決めるから、下は言われたことだけをやればいい」とばかりに一切情報を開示しない上司もいるようですが、それでは部下たちのモチベーションも上がりません。職場の一体感を醸成したいのなら、上司からのホウレンソウも意識的に増やしてほしいものです

まずは、あなたが話しやすい「一人」からはじめよう

ホウレンソウに慣れるには、実践あるのみです。ただ、最初から関係者全員にホウレンソウをするのは大変なので、まずは誰か一人「この人」と決めた人にだけ、こまめに報告・連絡・相談するようにしてください。

ホウレンソウの相手を増やしすぎると、作業的に時間がかかるだけではなく、伝達漏れがあったとき「なぜあの人にだけ言って、私には言ってくれなかったのか」といらぬ不興を買ってしまいます。がんばってホウレンソウの輪を広げたのに人間関係が悪化しては元も子もないので、**無駄なこじれをつくらないためにも、ホウレンソウをする相手というのは固定しておいたほうが賢明です。**

何かあったときはもちろん、特に何もないときでも、こまめにホウレンソウをしていると、相手は必ずあなたを信用し、評価してくれるようになります。上司にとって部下の成長は喜ばしいことなので、周囲にも「〇〇さん、変わったよ。すごくよくな

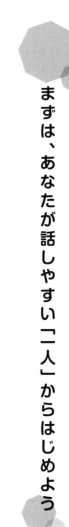

ったよ」と言いたくなります。するとあなたに対する周りの目も変わってくるでしょう。こうなると、最終段階である「引き寄せる」にもつながっていきます。

ホウレンソウの相手である「誰か一人」は、身近な上司や先輩のうち、あなたが一番話しやすい人、仲がいい人でかまいません。

実は、仲がいい相手ほど「言わなくてもわかるだろう」「そんなことをわざわざ伝える必要はないだろう」と油断して、ホウレンソウがおろそかになりがちです。たくさんコミュニケーションを取っているつもりでも、会話の中身はほぼ雑談なので、それでは「話していて楽しいやつ」とは思われても、「仕事ができるやつ」とは思われません。上司との仲の良さを、単なるお友達のノリから信頼関係にまで高めていくためにも、ホウレンソウは非常に有効な手段といえます。

忙しい、時間がない、急がなきゃ……こんな状況にあるときほど、思いもしないミスをしたり、誤解を与える話し方をしてしまったりと、人間関係をこじらせる出来事が起こりやすいものです。なので、そんなときこそ状況を整理し、冷静に考えるためにもホウレンソウを最優先に考えてみてください。ホウレンソウの習慣がつけば、仕事の効率が上がって結果的に仕事がラクになります。まずは「この人にホウレンソウをする！」と自分の中で決意し、すぐにでもスタートしてください。

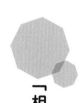

「相談」と「愚痴」を混同してはいけない

ホウレンソウの中でも特に誤解されているのが「相談」でしょう。相談というのは「いま何をすべきか」について話し合うことなのに、サラリーマン同士の相談はほとんどの場合、単なる愚痴の言い合いで終わってしまうことが多いのではないでしょうか。

仕事が忙しすぎる、上司が認めてくれない、毎日怒られてばかりでしんどい、給料が安くて将来が不安……。

日頃の不満を心にため込んでおくよりは、愚痴でもいいから口に出したほうが、多少はスッキリするかもしれません。

ただ、愚痴は聞いている相手が不快に思うこともあるし、悪口が漏れ伝わってしまうと信用も失ってしまいます。おまけに普段から愚痴ばかり言っていると、人の悪いところにばかりに目が行くようになって、ネガティブな気持ちがどんどん増幅されて、結果的に自分がつらくなります。

だから、誰かに愚痴を言いたくなったら、その愚痴を「相談」に変えてください。そうすれば、単なる愚痴が前向きなパワーに変わります。

愚痴と相談の最大の違いは「なぜ、どうすれば?」という視点の有無です。

仕事が忙しすぎるなら、「なぜ忙しいのか、どうすれば忙しさを軽減できるのか?」

上司が認めてくれないなら、「なぜ上司は自分を認めないのか、どうすれば認めてくれるのか?」

怒られてばかりなら、「なぜ怒られるのか、自分はどうすればいいのか?」

給料が安くて不安なら、「なぜ給料が安いのか、どうすれば給料を上げられるのか?」

そんなふうに愚痴を相談に転換させ、打開策を話し合うようにすれば、やるべきことが見えてきます。たとえすぐには解消できなかったとしても、相談相手との信頼関係は確実に培われます。

自分はちゃんと相談していると思っている人も「それは本当に相談なのか、単なる愚痴で終わっていないか」を自問してみてください。

伝えるべきは「武勇伝」ではなく「失敗談」

あなたは、周囲の人たちに自分の「すごいところ」と「ダメなところ」のどちらを知ってほしいですか？

答えはもちろん「すごいところ」でしょう。自分を認めてほしい、尊敬してほしいというのは、誰にでもある自然な欲求です。

ただ、その欲求のままに自分の「すごいところ」ばかりアピールするのは逆効果です。大多数の人にとって、他人の自慢話なんてウザいばかりで、おもしろくもなんともありません。

先日、私のところに「人がどんどん辞めて困っている」と相談にいらした社長さんも、話を聞いてみると、過度な自慢話が原因の一つになっているようでした。彼はどこそこへ旅行に行ったとか、すごい高級店で食事をしたとかいう内容をSNSで毎日のように投稿していたのです。

社長と社員の関係が良好なら「うちの社長はすごい！」「自分もそんなふうになりたい」とポジティブな印象を持ってもらえたかもしれませんが、会社に対して何らかの不満があるところにそんなものを見せられたら、社員はきっと「自分たちが働いたお金で社長が豪遊している」と思うことでしょう。私は、待遇や社員教育の改善といった実務的な対策とともに、SNSで贅沢三昧《ぜいたくざんまい》の日常を発信するのはほどほどに、と助言させていただきました。

あなたが周囲に伝えるべきは、自分の「すごいところ」ではなく「ダメなところ」、すなわち過去の失敗談です。

どんな人でも失敗することはありますが、同時に、失敗から多くのことを学んでいます。「失敗は成長のもと」であることは、誰もが経験的に知っていることでしょう。それなのに人は自分の失敗を認めたがらず、ほかの誰かや環境のせいにしようとします。心の底では自分が悪かったとわかっていても、口には出さず、隠し通そうとします。

でも私は、失敗こそさらけ出すべきだと思っています。なぜなら、失敗談を伝えることは自分と相手、双方の成長につながるからです。

飲食店でよくある失敗の筆頭に「遅刻」があげられます。これは本当に〝業界あるある〟で、今では店長や幹部社員といった上の立場にいる人でも、遅刻をしたことがないという人はいないのではないかと思います。飲食店はシフト制で勤務時間が不規則だったり、曜日によって営業時間が変わったりするので、うっかり勘違いしたり、寝過ごしてしまうことがよく起きるわけです。E氏にいたっては、新店がオープンしたその日から一週間連続で遅刻をするという、信じられないような失敗をしたことがあります。

彼は長年、そのことを周囲にひた隠しにしていました。そして自分のことは棚に上げて、部下や後輩が遅刻すると「もう学生じゃないんやから遅刻はあかんで！」などと、それらしい説教をするのです。

でも実は、そんなふうに精神論をぶつけるよりも、もっといい方法があります。それは、自分自身の失敗談を伝えてあげることです。

自分も若手のころは遅刻ばかりだったが、今ではしなくなった。なぜしなくなったのか、どうやって遅刻を減らすことができたのか、自分の工夫や体験を伝えてあげれば、相手にとって最高の教材になるでしょう。

失敗体験の開示は、相手だけではなく自分にもメリットをもたらします。隠しごとをするよりもオープンにするほうが気持ちもラクだし、「自分はこのように失敗を乗り越えてきた」と言語化することで、失敗を成功の元へと昇華させることができます。

また、失敗を隠し通そうとすると、途中でばれたとき「あの人は自分のことは棚に上げて」と反感を買ってしまいますが、自分から打ち明ければ「隠さず教えてくれた」と、むしろプラスの印象を与えることができます。誰だって、ええかっこしいの人よりも、ありのままの姿を見せてくれる人に好感を持つものです。

だから私は、失敗談こそ積極的に伝えるようにしています。本書でも、いいかげんな経営で会社をつぶしかけた話や、詐欺師に騙された話など、社長としてどうなん？という話も包み隠さず書いてきました。それは、失敗が多いほど人は成長するし、オープンに伝えていったほうが自分にとっても相手にとっても得になると信じているからです。

同じ話を、相手を変えて何度も何度も伝える

八角がさまざまな改革によって「人が辞めない会社」になった話は、業界誌でも大きく取り上げられました。そんなこともあって、飲食を中心に幅広い業界の社長さんから「話を聞かせてほしい」と頼まれるようになり、私も自分のノウハウが役に立つのであれば嬉しいので、請われるがままいろいろなところで話をさせていただくよう

になりました。

正式な講演会ではないので、報酬などは発生しません。それなのになぜ、広い意味ではライバルといえる会社にも惜しみなくノウハウを提供するのかといえば、話をすればするほど自分の「伝え力」が磨かれるからです。

本書で紹介させていただいた勝ち組と負け組のお話も、最初に身近な社員に話してみたときは、まわりくどい説明だったと思います。でも、同じ話を今度は別の社員に、その次は経営者仲間にというように相手を変えて何度も話しているうちに、自然とアレンジも加わって、伝わりやすいたとえ話になっていったのです。

大事なのは、相手のリアクションを参考に、表現や話し方を練り上げていくことです。話している最中に相手から「?」マークが出ているなと思ったら、「なるほど、この説明だとわかりにくいのか」と認識し、別の表現を試してみる。それを繰り返すうちに「十八番《おはこ》」と言っていいような話が完成するのです。

自己開示は、やればやるほどいい

幹部社員のF氏は、八角に来る前は某飲食チェーンの社員としてエリアマネージャーをつとめていました。彼によると、そうした大手のチェーン店では、社員に対して本当の店舗利益を細かく開示することはないそうです。各店でいくら儲かっているかがわかると、「自分の給料は安すぎる」などと考える人が出てくるからです。

そういう考えもあるのかと驚きました。八角では当時も今も、社員に対してほぼすべての数字をオープンにしています。そうしないと、売上が落ちたときなど、現場の店長たちが危機感を持てないからです。八角ではむしろ、ありとあらゆる情報を共有し、経費を減らして売上を上げるにはどうすればいいか、みんなで一緒に考えてもらっています。

営業関係の数字にかぎらず、自分の考えや持っている情報なども、できるだけ開示したほうがいいというのが私の考えです。

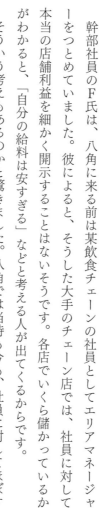

経営者だけではなく、一社員であっても同じです。自分が何を考えているのか、どんなことに興味があって、将来的に何を成し遂げたいかなどは、できるだけ口に出して話すようにしましょう。

「こんな仕事がしたい」と普段から打ち明けていれば、そういう仕事が発生したときには優先的に配置してもらえる可能性が出てくるし、「こんな目標を持っている」とあちこちで話しておけば、「言ったからにはやらなければ」と自分にほどよいプレッシャーをかけることができるからです。

言葉だけではなく、行動でも伝えよう

人に何かを伝える方法は、言葉だけではありません。いくら口では立派なことを言っていても行動が伴わなければ「しょせん口だけの人」と思われて、次第に信用され

なくなっていきます。

たとえば某高級腕時計ブランドでは、お店のほうが客を選びます。入荷待ちの人気アイテムなどは、いくらお金を積んでも一見客《いちげんきゃく》にはまわってきません。私の知人はそのブランドに興味を持ち、「五〇〇万円くらいの予算でこれが欲しい」と言うので営業マンを紹介しました。ですが、実は知人の中で欲しいものはすでに決まっていて、営業マンからの提案を頑として聞き入れませんでした。営業の方は、知人の欲しがる時計は人気で入手困難なものであるという知識があり、それに遜色のない良品をピックアップし提案をしてくれていたのですが知人は聞き入れないという状態でした。はたして営業マンは、知人のことを見込み客とみなしてくれるでしょうか？

答えはＮＯでしょう。

もし仮に知人の理想にぴったりのアイテムが発売され、実際に五〇〇万円を用意できたとしても、彼に順番がまわってくるのは相当先になるでしょう。こうした店から「ちゃんとした顧客」と認識されるには、自分がそのブランドが好きだということを言葉だけではなく行動で示す——つまり、実際に何かを購入して実績をつくっておく必要があるのです。

そう助言したところ、知人は結局二〇〇万円の時計を一つ購入しました。結果、知人はその時計をめちゃくちゃ気に入ったようです。そしてそれを買って喜ぶことが、自分の意思を伝えることになると納得したようです。


少々極端な例を出してしまいましたが、口先だけでは信用してもらえないというのは、ビジネスの世界にかぎらず、人間関係の中ではよくある話です。

お金の使い方だけではありません。大事なのは行動で示すこと。特に大きな野望を達成したいときは、目標を口に出すとともに、そこに向かって行動を起こし、スモールステップを積み重ねていきましょう。そうすれば周囲にも本気度が伝わり、信頼・信用が生まれ、サポートしてもらえるようになるはずです。

いつでも、どこでも、誰にでも、何度でも伝えたい「最強の言葉」

ここまで「伝える」という切り口からさまざまなノウハウをご紹介してきましたが、あなたに一番伝えてほしい言葉は「ありがとう」にほかなりません。

「ありがとう」という言葉には、とてつもなく大きな力があります。言った方も言われた方も嬉しい気持ちになる感謝の言葉は、人間関係を円滑にする最強の潤滑油です。

私自身も、日頃から感謝の気持ちを大事にしています。仲がいい人や、自分によくしてくれる人に感謝するのはもちろん、意見が合わない人や、利害が対立する人に対しても、その人のいい部分を探して「ありがとう」と伝えられるように心掛けています。

現在の人間関係に不満がある人は、こうした感謝の気持ちを忘れかけているのかもしれません。

プライベートな友人ではなく仕事で付き合う相手というのは、なぜか長所よりも短所に目がいきがちです。「あの上司は嫌味っぽい」「今度の新人はとろくさい」というように、悪い部分ばかりが気になることがあります。

けれども、嫌味な上司にもマイペースな新人にも、ライバルである同僚にも、いいところは必ずあります。「話す口調は好きになれないけれど、自分がミスをすればフォローしてくれる」「仕事は遅いけれど、丁寧にやろうという意欲がある」など、素直に感謝できる部分は探せば必ず見つかります。逆にいうと、嫌なところは勝手に目に入ってくるけれど、いいところは自分から探しにいかないと見えにくいのです。

ですからあなたも、普段から相手のいいところを探すように心掛けてください。「この人のここが嫌だな」から「この人のいいところはどこだろう」へと意識をスイッチすると、見えてくる景色も、人との関わり方もガラリと変わるはずです。

第6章

幸せな人間関係が生まれる「八角校」のシステム

自分の成長を実感しつつ、さらなる高みを目指してほしい！

かつての株式会社八角は離職率が非常に高く、ピーク時には五年間で三三人もの社員が辞めていました。その状況を改善しようと待遇や福利厚生の拡充を図ったところ、かなりの改善が見られましたが、離職理由のナンバーワンである「人間関係」までよくすることはできませんでした。

「八角の人間関係は、なぜこじれてしまっているのか？　どうすれば居心地のいい職場にすることができるのか？」

この課題を解決すべくはじまったのが「八角校」の取り組みです。

八角校は「職場における人間関係の改善」と「社員のスキルアップ」の両方を目指す場として二〇二一年にスタートしました。

八角校が開かれるのは三か月に一回。私や幹部が講師役、社員が生徒となって、面談形式の「授業」を行います。

一般の会社でも、上司と部下の面談は定期的に行っていると思いますが、それはほとんどの場合、部下の仕事ぶりを評価したり、育成方針を考えたりするために行われています。そのため、社員のスキルアップにつなげることはできても、人間関係をよくする効果はありません。

八角校と一般的な社員面談の最大の違いは、個々の目標や達成状況を確認するとともに、マンツーマンで「八角形サイクル」の授業を行うことです。社員一人ひとりに寄り添いながら、本書で紹介したような内容を教授して社員の伝え力を高め、職場内でのコミュニケーションを促進して、みんなが気持ちよく働ける職場づくりにつなげているのです。

学校なので、授業のたびに「通知表」も渡します。

見た目は完全に小学校の通知表そのもので、氏名や学年（勤続年数）が印刷された表紙を開くと、中には国語や算数の成績の代わりに、自分の店舗の売上・利益・店舗状況・個人の勤怠や賞罰などのデータが並んでいます。

通知表ふうのデザインを採用したのは、親しみやすさを感じてもらうためです。紙ペラ一枚の営業成績表では見る気が起きませんが、昔懐かしの通知表スタイルで渡されると、「去年と比べてどうだったかな」「うちの店は今期何位だったかな」など、子どものころに通知表を受けとったときのようなドキドキ感を味わえます。

また、通知表の左ページに今学期（今季）のデータを、右ページに累計の成績を記載することで、過去と比べて自分がどれだけ成長してきたかも一目でわかるようにしています。

他店と比較したデータや順位なども記載してはいますが、店舗の成績というのは立地や規模、競合の有無などによって大きく左右されるので、数字だけで一概に比較することはできません。だから八角では、店舗間でナンバーワンになることよりも、昨年の自分自身を超えることを一番の目標にしています。

八角校が始まって約一年が経ちました。授業（面談）は三か月に一度のペースで開講され、一回あたり二～三時間かけているので、社員たちはすでに計四回、一〇時間前後の授業を受けたことになります。たったこれだけで、早くも成果が出はじめているのをひしひしと感じます。

しかも、授業で八角形サイクルを教えるとき、これまではパワーポイントの資料を用いて解説してきましたが、本書が完成すれば、必要に応じていつでも読み返すことができる絶好の教科書ができあがります。これにより、八角校の教育効果もさらに高まるのではと期待しています。

新人さんを「小学校一年生」と呼ぶ理由

人の出入りが激しい飲食業界では、先輩と後輩の年齢やキャリアが逆転することも珍しくありません。たとえば高卒で入社して五年目、二三歳の生え抜き店長のもとに、他の飲食店から転職してきた五〇代の「新人」がつくということも起こり得ます。

仕方がないこととはいえ、店長も新人も「正直やりにくい」というのが本心でしょう。八角での社歴や今のポジションだけをみれば二〇代店長のほうが上ですが、飲食業界でのキャリアが長い分、調理の腕前などは五〇代の新人のほうが長けていたりします。その彼が「自分のほうが仕事ができる」と言って偉そうにふるまうようになると、指揮命令系統がめちゃくちゃになってしまい、最終的には店長か新人のどちらかが辞めるといった騒動に発展しかねません。

反対に、他店で経験を積み、鳴り物入りで入社してきた人が、思いのほか活躍できないというケースもあります。本人は「自分はできます、自信があります!」と豪語するので周りも「すごい人が入ってきたらしい」と期待するものの、いっこうに成果が出ないものだから「期待したほどではなかったな」と評価が急降下——。本人はプライドを傷つけられて「この会社のやり方が悪いからだ」と捨て台詞を残し辞めていく。そんなことも何度かありました。

こうした人間関係のねじれを解消するために、八角では八角校の開設と同時に「学年制」を導入しました。これは、簡単にいえば、入社一年目を「一年生」と称し、以後、年次を重ねるごとに二年生、三年生と呼び方もステップアップしていくというものです。

先の「二〇代店長と五〇代中途社員」の例でいえば、店長は入社五年目なので「五年生」、中途社員は五〇代とはいえ入社したばかりだから「一年生」ということになります。

このように呼んでみると、社内の立ち位置がとてもハッキリしてきます。

五〇代社員は、他店で豊富な経験を積んできたかもしれませんが、八角ではあくまでも一年生です。いくら「自分はできる！」と威張っても、一年生の「できる」なんてたかがしれています。本人は、今すぐにでも中学・高校レベルの問題を解けると思っているのでしょうが、八角の中学生になるためには、八角の小学校で八角のやり方をちゃんと勉強しなければなりません。また、小学一年生からみれば周りはみんな先輩ですから、威張ったりしないで謙虚にふるまうことも必要になります。

一方の二〇代店長は、小学五年生です。小学生とはいえ五年生といえば高学年で、下級生たちの面倒を見る立場にあります。そんな五年生が、ちびっこを怒鳴りつけたりしていたらどうでしょうか。五年生たるもの、立派なお兄さんとして後輩に八角のやり方をやさしく教え、育てていかねばなりません。

このように八角校の「学年制」は、社内における自分自身の立場を自覚させる機能があるのです。

五〇代の新人に「よそでいくら経験を積んだとしても八角ではぺーぺーなんだから、謙虚にしてくださいね」とストレートに言ったら角が立ちますが、「あなたは一年生なので、そのつもりでがんばってくださいね」と伝えれば、相手のプライドを傷つけることなく、ユーモラスに立場を自覚させることができるのです。

「伝え力」が高まるほど、居心地よく働ける会社になる

八角校では、「伝え力」を核とした八角形サイクルについても学びます。

八角形サイクルという体系ができたのは最近のことなので、八角校がはじまったばかりのころは別の表現で説明していましたが、「伝え上手な社員を増やし、職場の人間関係をよくする」という狙いは一貫して変わりません。

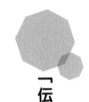

人員の都合上、八角校の授業を受けられるのは今のところ社員（店長）限定ですが、店長の伝え力が高まったことで、間接的にアルバイトにもいい影響が出はじめています。頭ごなしに叱られたり、一方的に命令されたりすることがなくなり、「こうすればもっといいよ」「私はこうやって覚えたよ」など、成長につながるような教え方をしてくれるから、アルバイトもやりがいを持って長く楽しく働けるようになりました。

アルバイト学生にとって、バイト先の店長や社員は最も身近な大人の一人です。その人たちが八角形サイクルを実践し、社会人としてのお手本を見せてあげるのは、学生たちの将来のためにも大事なことだと思っています。

幹部社員G氏は、昔から常々「アルバイトの子たちが、時給以上の何かが得られる店にしたい」と言ってくれています。単に働いた時間に応じて給料を受け取るだけではなく、この店で働いたら友達ができるとか、礼儀やマナーが身につくとか、何かしらのプラスアルファがある店にしたいというのです。

アルバイトも含めていい人間関係の輪をつくり、彼らに時給プラスアルファの何かを与えられるかどうかは、店長の力量にかかっています。以前の八角では、そういう空気づくりが得意な店長もいれば、苦手な店長もいて、店によってかなり雰囲気が違っていたのですが、八角校をはじめたことで全体のレベルが底上げされ、均質化されてきたのではと感じています。

八角校は「講師役」の社員にとっても絶好の学びの場

私は人と話すことが好きなので、八角校の授業もできることなら全部自分でやってしまいたいのですが、それでは社員の成長する機会を奪うことになるので、基本的に八角校の講師役は本部の社員に任せています。

本部のスタッフは幹部という位置づけではあるものの、八角形サイクルを完全にマスターしている人は少なく、まだまだ修行の途上です。しかし、だからこそ八角校の講師役を担うことで、多くの気付きを得ているようです。

八角校の講師役をやるということは、八角形サイクルの四〜七番目「繰り返しやってみる」「ハラオチさせる」「人を知る」「伝える」を実践することでもあります。すなわち、何人もの店長と面談を繰り返すことで、どのように話せばより伝わりやすいのか、面談のコツをハラオチさせる。相手と話しながら「この店長は〇〇タイプだから、こういう言い方がよさそうだ」と分析し、タイプをふまえて必要な情報を伝えていく。八角校は、社員が八角形サイクルを学ぶ場であると同時に、講師役が八角形サイクルを実践する場でもあるのです。

だから八角校の講師役には、何をどう教えるかという、ガチガチのマニュアルはありません。「通知表に沿って、現状分析・振り返り・目標設定を行うこと」「八角形サイクルの基本を教えること」といった大枠だけ指示し、具体的にどうやって授業を展開していくかは講師役に任せています。

ある人は「僕は話すのが得意ではないから……」と、パワーポイントで図版をつくって面談に臨みました。別のある人は、予定時間を一時間以上オーバーして、とことん相手の悩みに耳を傾けました。講師役がそれぞれのやり方で相手に寄り添い、伝えようとしてくれている姿が、私には何より嬉しく映ります。

反応が悪い社員ほど「伸びしろ」がある

八角校をスタートして約一年が経ちました。

皆さんが一番気になるのは「何がどう変わったか」というところでしょう。

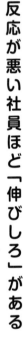

理想をいえば、八角校の授業を受けた全員が「伝えるプロ」に成長してくれたら最高なのですが、吸収のスピードは人それぞれなので、全体のレベルが上がったことは間違いないものの、全員がプロ級に達しているわけではありません。社員の受け止め方にも個人差があって「この時間が楽しみです」と言ってくれる社員もいれば、あまりピンときていない様子の社員もいます。

ただ、意識は確実に変わりつつあります。もともと飲食業界はトップダウンで、店長から部下に寄り添っていくような雰囲気はあまりありませんでした。ところが八角校の授業を受けたあと、社員の中でも特に強面《こわもて》で独裁的だった人が、部下に対して自分から「俺って話しかけにくいかな?」と聞いてくれた。部下のほうも授業を受けていたから、正直に「これこれこういうときは話しかけづらかったですね」と伝えてくれた。それで関係がぐっと改善され、店の雰囲気もなごやかになったという報告を受けています。

授業の内容だけではなく、授業を通じて講師と社員が話し合うこと自体にも大きな意味があります。

社員の中には、講師役が何を言っても「うーん」と納得できていない表情を浮かべる人もいます。なぜ「うーん」になってしまうかといえば、おそらく社員が望んでいることと、講師役が話している内容の落差が大きいからでしょう。

この場合は、生徒から「うーん」という反応を引き出せただけでも大収穫といえます。授業がなければ、会社や上司の方針と、本人の希望が合致していないことに気付けなかったかもしれません。彼の「うーん」を「わかりました！」「やってみます！」に変えていくことは簡単ではないかもしれませんが、課題をあぶり出せただけでも一歩前進といえるでしょう。

それに、反応がにぶい社員ほど、わかりあえたときの感動が大きく、一気に距離が縮まることがあります。八角校とは直接関係がないのですが、ちょっとおもしろいエピソードがあるので紹介させてください。

以前、あるお客様と雑談していたとき「娘が友人とのトラブルで学校に行きたがらない。親からしたら『行け』と言いたいけれど、今の子にそういう言い方をしていいものか悩んでいる」と打ち明けられたことがありました。

私はその話を聞いてすぐ、八角形サイクルの六番目「人を知る」のテクニックが使えるはずだとひらめきました。娘さんが一〇タイプのうちどれに該当するのかを見極めれば、「学校に行ったほうがいい」という助言をうまく伝えられる可能性が高いと思ったのです。

その人がどんなタイプなのかは、実際に会って話をしながら判断するのが一番ですが、人づてに普段の言動や生育環境などを聞いて推察することもできます。八角には、そうしたタイプ診断に長けた社員がいて、私はふざけて彼を「占い師」と呼んでいるのですが、このときも娘さんのタイプを分析すべく「占い師」の力を借りることにしました。

「実はな、ウチにすごい占い師がおんねん。今そいつ呼ぶから、娘さんの話、ちょっと相談してみな」

占い師といっても、その正体はお客様もよく知る幹部社員です。そんな人からいきなり「娘さんの人間関係を占ってあげよう」と言われたお客様はドン引きで、「あんたら何しててんねん」とうさんくさい目で見ながらも、しぶしぶ占い師にこれまでの顛《てん》末《まつ》を話しました。

すると、占い師の人間分析が当たること当たること――。

「娘さんにこういう言い方したら、こう返ってくるでしょ」と娘の普段の言動を次々と言い当てるものだから、お客様は「なんでわかるんですか！」と驚きの連続で、一時間ほどの「占い」が終わるころにはすっかりその占い師を信用し、「聞いてもらえてよかった。家に帰ったらさっそく試してみます」と言って帰っていきました。最初の疑いが大きかった人ほど、このように一八〇度転換することがあるのです。

八角形サイクルの効能についても、ここまで読んで半信半疑――どころか「一信九疑」くらいの方もいるかもしれません。

そんな方も、どうか一巡だけでもいいので八角形サイクルを実践してみてください。伝え力がぐんぐん高まり、人を引き寄せる魅力がついてくることを、ほかならぬあなた自身が実感できるはずです。

終章

私も「ご褒美」から始めます。

一九九四年に一軒の屋台からスタートしたらーめん八角は、兵庫県内に三八店舗を展開するまで成長を遂げました。全国展開を目指した時期もありましたが、今は事業規模を拡大することよりも「伝え力」を核とした人間力、魅力ある人材の育成によって幸せな職場の輪を広げることに興味が向いています。

そのためには「八角校」のシステムをさらにブラッシュアップしていく必要があるでしょう。今回、八角形サイクルのまわし方を一冊の本にまとめたことも、その一助となるはずです。

「伝え力」は伝播《でんぱ》します。店長が伝え上手になると、その秘訣を部下にも伝えてくれるようになるので、部下の伝え力も磨かれます。だから店長だけを教育し、あとは現場に任せておくだけでも効果はあるのですが、アルバイトも八角校の授業を受けられるようにすれば、よりいっそう職場の幸福度は増していくでしょう。

そうやって八角内での実績を確かなものにしたら、将来的には八角校のシステムを社外にも紹介したい。そして日本中の会社の「伝え力」を高め、みんなが楽しく幸せに働ける風土づくりに貢献したいという、壮大な野望を抱いています。

もちろんすぐに実現できることではないし、社内レベルでも課題は山積しています。でも、どんな困難な目標であっても、楽しみながら挑戦するのが私の流儀です。

序章で「まずはご褒美からはじめよう」と書きましたが、私自身もその作戦を実行しています。

最近のご褒美は保養施設のリニューアルです。

八角では十数年前、兵庫県夢前町に保養施設をつくりました。当初は社員が家族と一緒に泊まったり、アルバイトを連れて行ってバーベキューを楽しんだりと、それなりに活用されていたのですが、老朽化が進むにつれて社員の足は遠のき、最近では一年に一回利用されるかどうかという状況になっていました。

この施設を今どきの保養所に生まれ変わらせるために、内装を綺麗に整え、インテリアをオシャレなものに買い替え、新しく露天風呂に屋根を付けたり、利用するときにはどんな場所なら楽しめるかを想像しワクワクしながらリフォームの計画を立て、それを実行しました。

コロナ禍のダメージも残る中、どうしてそんなお金を産まない施設に投資するのか？

そんなふうに思う方も多いでしょうが、経営者が守りに入ってしまったら、業績も運気も落ちていく一方です。私は楽しいことが大好きなので、社長の趣味と言われようが何だろうが、どれだけ苦しい中でも、社員が喜んでくれることや、社員にとって有益となることを考え、そこにお金を使います。そうすることで、少なくとも私自身は、いま以上に必死でがんばれます。

みんなが使いたくなるような魅力的な保養施設をつくり、そこが社員やアルバイト、それぞれの家族まで含めて楽しみや息抜きができる、そんな場所であれば、心も身体もリフレッシュできるでしょう。そうしてガス抜きができた状態で仕事に取り組んでもらえるのであれば、現場の雰囲気やモチベーションはさらに上がると思います。

最近の若い人は職場でのコミュニケーションに消極的で、社員旅行なども行きたくないという人がいるのは重々承知しています。なので、強制することはありませんが、仲のいいスタッフ同士が保養所に遊びに行って楽しんで帰ってきたら、「思ったより楽しそうだから、次は自分も行ってみたい」と言ってくれる人も出てくるでしょう。それで仲間同士の結束が強くなり、アルバイトも含むスタッフみんなが長く働いてくれるようになったら、求人や新人教育にかかるコストを既存メンバーのために使い、さらに居心地のいい職場を追求することができます。

結局のところ、みんなが楽しく長く働いてくれる会社をつくることが、会社を発展させる一番の原動力になるのです。

そして八角校のシステムは「会社や組織で活かせるもの」と限定されるものではありません。皆さんがそれぞれに生活される場所でこれを活かし、人をひきつける魅力・人間力を身につけ、良好な人間関係をつくり、日々を楽しく、笑顔で過ごすために活かしていただけるものです。また、私としてはこの八角校のシステムを通じ、理想とノウハウを日本中に広めていけたら、これ以上嬉しいことはありません。

推薦の声　レイザーラモンHG（住谷 正樹）氏より

「ボクと大西くん」

大西くんとは中学の同級生ですが、当時はグループが違っていたので存在は知っていたものの遊んだりするような仲ではありませんでした。高校は別々のところに行ったので接点もなくなってしまいましたが、再会したのは二〇歳のころ、ボクは大学生でした。

帰省したときに共通の友人に連れられて、大西くんがラーメン屋をはじめたばかりの屋台に行きました。

冬の寒い日だった記憶があります。

温かいラーメンをすすりながら、ラーメン屋をスタートした経緯そしてこれからの展望を聞きました。大学に入ったものの、ハッキリとした目標もなかった自分にとって彼の言葉は衝撃でした。「これこそ大人の漢《おとこ》や！」まさしく成人して独り立ちした様を見て、心の中で叫びました。アルバイトで誰かの下で働くということは経験していましたが、自分が経営者となり自ら舵を取っていくことはその時のボクには想像すらできませんでした。

ほどなくしてボクにも芸人という夢ができ、最初は就職しながら二足の草鞋《わらじ》でお笑いをやっていましたが、思い切って仕事をやめて芸人で生きていくことを決めました。安定した職を捨て答えのない世界に飛び込むことにふしぎと不安はなく、貧乏生活もまったく苦ではありませんでした。

思えばあのときの大西くんもこんな気持ちだったのかもしれません。

芸人になってからは大阪に住んでいたこともあり、大西くんとは疎遠になってしまいました。ボクは十年近くかかってなんとか芸人として知名度が出て東京に進出しました。

それからしばらくして八角らーめんが店舗を増やしているという噂が耳に

入り、大西くんがんばっているなーと励みになりました。

そしてなんと！　二〇一〇年、八角らーめんのイベント出演のオファーを正式にいただいたのです！

そのときに久しぶりに再会し、そこからは帰省した際は家族で大西くんのお店に食べに行ったり、東京に出張で出て来たときは一緒にはご飯に行ったりと、定期的に会うようになり現在に至ります。大西くんはとてもポジティブで前向きな性格なのでパワーをもらえる存在です。

今回は扉絵の依頼をいただきました。肖像画風に描いたので後に〝ラーメン偉人〟として教科書に載ることを願っております（笑）

八角形サイクルシートの取り扱い説明書

ここからは巻末にある、「八角形サイクルシート」の使い方を説明いたします。

八角形シートの見方

①八角形の図の上にある【　】カッコ内には、目標を書き込んでください。
(例)部下の成長を促し、数値目標をクリアする。
親友との関係を回復し、以前よりも仲良くなって楽しい毎日を過ごす。
今の部署で成果を出すために、理想とする能力、技術を一年で習得する。
好きな人との関係を深め、お付き合いする。

②図の下部にある『　』カッコ内には、四章で紹介した一〇のタイプの中から、自分に当てはまると感じたタイプを書き込んでください。

理想や夢を書き込む

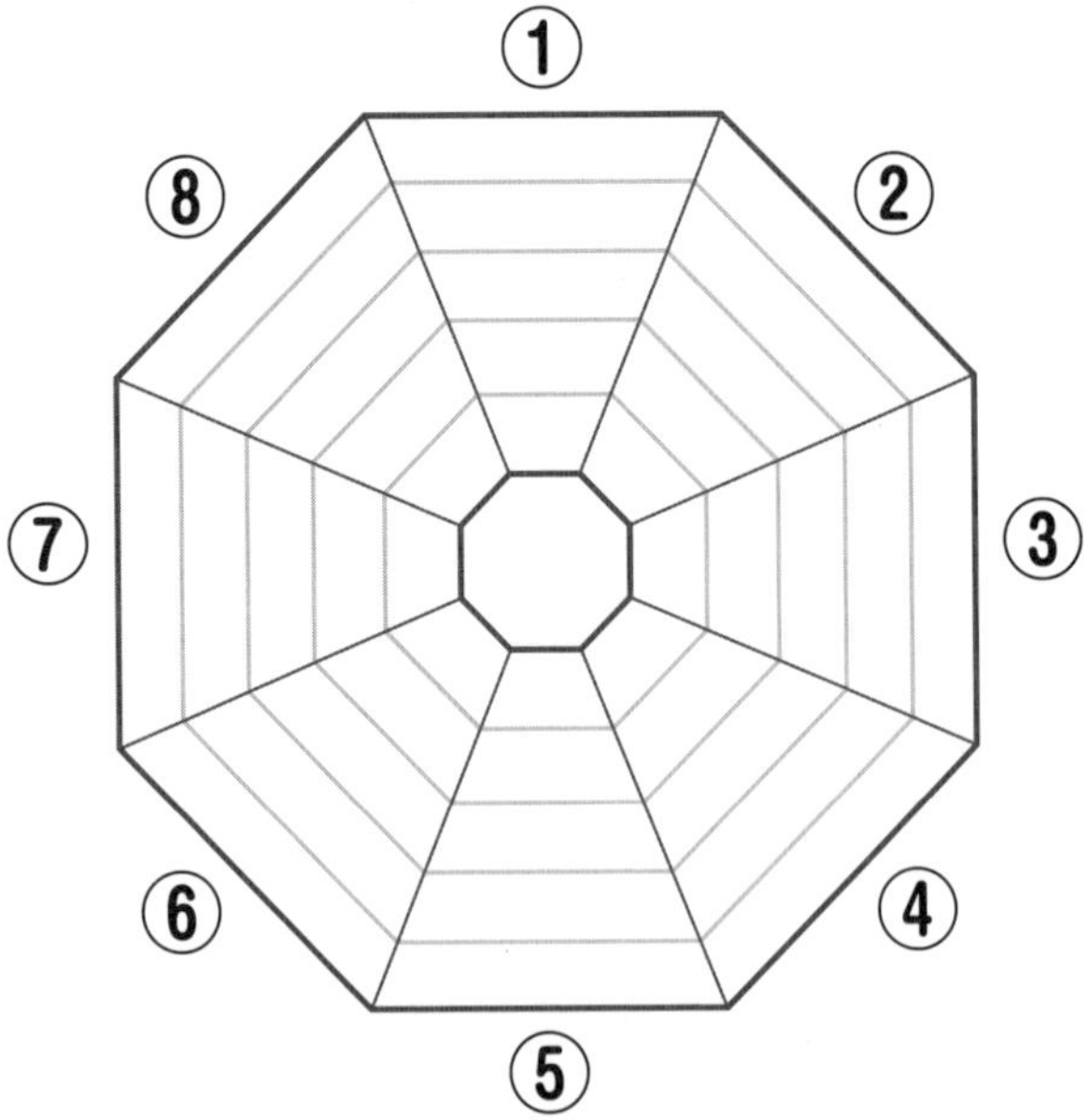

『　　自分の　　タイプ』

③八角形のそれぞれの面は、三章でお伝えした八角形サイクルの〝八つの要素〟を表しています。

八つの面はそれぞれ、五つに区切られています。

シート横に、八つの要素の表題があります。その下部に各要素を満たすために必要な課題をご自身で考え、設定し、書き込んでください。

たとえば自己分析であれば、「現状の把握」「問題点の確認」「対策と検討」「行動、実行」「理想の常態化」といった具合に、すぐにできることから最終目標までを段階に分けて考えて書き込んでください。

① 現状の分析

低

- 分解①
-
-
-

高

- 最終目標

② 目標の細分化

-
-
-
-
-

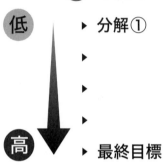

④設定した課題をクリアしたら、八角形の図形で該当する要素の中心に近い所から塗りつぶしていきましょう。塗りつぶしたスペースが増えるほどに、八角形は大きくなり、目標を達成するために必要な成長ができていると実感できるはずです。また、「なかなか塗りつぶせない」という場合には、課題の設定を見直す必要があると認識できるでしょう。

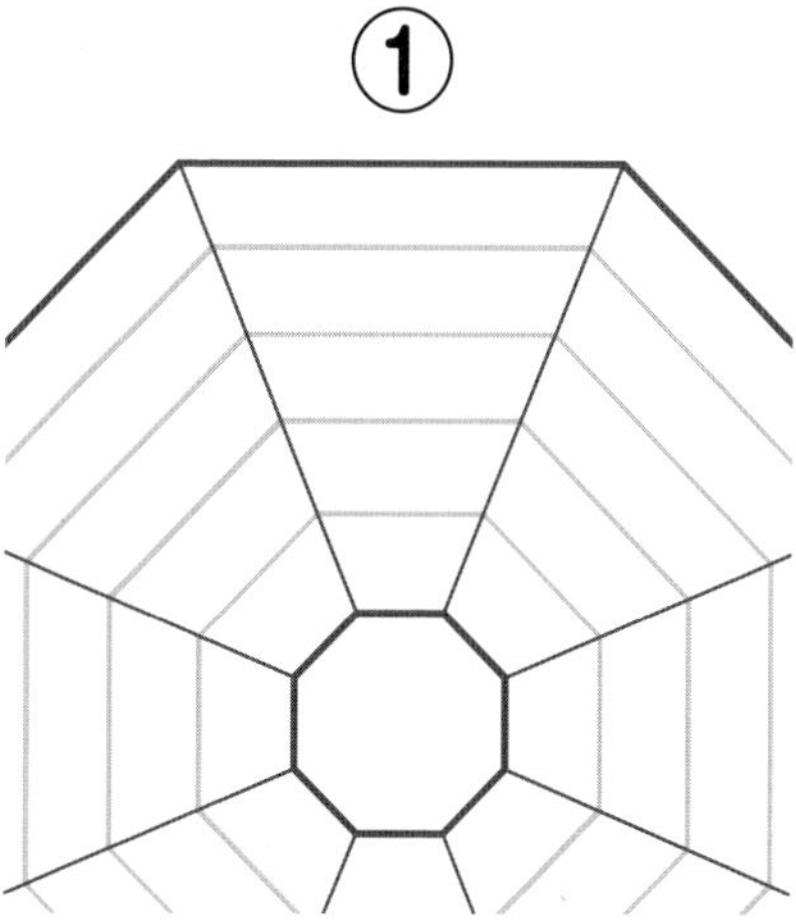

八角形サイクルシートの活用ポイント

「シートを書き込む」

まずは八角形サイクルシートを書き込むこと。

これを実践してみてください。

わざわざ表に書き込むの？　面倒だな〜、と思う方もいるでしょう。ですが「可視化」「見える化」しておくことは、「考えただけで忘れてしまう」「行動に起こせない」といった状態を防ぐためには非常に効果的です。

なので、書き込んだシートは生活の中で目に入る所に張り付ける、もしくは小さく折りたたんで持ち歩くなどしてください。

目標までの道のりを闇雲に進むのは、効率が悪く、合理的ではありません。「今、今日、何ができるか、すべきか」これを一目で確認できるよう、八角シートを書き込み「見える化」を実践してください。

※「見える化」についての詳細は本書一〇一頁をご覧ください。
シートにはあらかじめ五段階のマスが設定されていますが、必ずしも五つに分解する必要はありません。まずは分解して考えることに慣れることです。これを繰り返していると、「今できること、すべきことは何か?」という分析力、思考力が備わってきます。

目標とする結果を効率よく、そして確実に得ていただくためにも、面倒かもしれませんがまずはシートを書き込んでみてください。

「応用する」

自分の考えを正確に伝えたい相手、上司、家族、友人など、対象となる人物とご自身の関係性を把握するためにも使えます。

・相手に対してどんな自分であるか(①自己分析)

・相手とはどんな関係が理想であるか（②目標）
・相手との関係で必要な知識、経験は十分にあるのか（③勉強）
・知識があるとしたらそれを自分自身が本当に理解できているか（④ハラオチ度）
・別の相手に伝わるかどうか試してみたか（⑤小さな実行、繰り返し）
・相手をどこまで理解できているだろうか（⑥相手を知る）
・相手に対して伝える準備は万全であるか（⑦伝える、伝え力の確認）
・相手からの態度や印象が変化した実感があるかどうか（⑧引き寄せる、変化）

このように個別の相手との関係性を深めることを目的とした使い方もできます。

相手との良好な関係が、どんな八角形でつくられているのかを考え、シートに書き込み、「見える化」しておけば、関係性に違和感をおぼえたときには、自分が変わったのか、相手が変化したのか、環境が変化したのか――すぐさま要因を把握できるでしょう。

例　・職場での自分
　　・家族に対しての自分
　　・大切な友人・恋人との自分

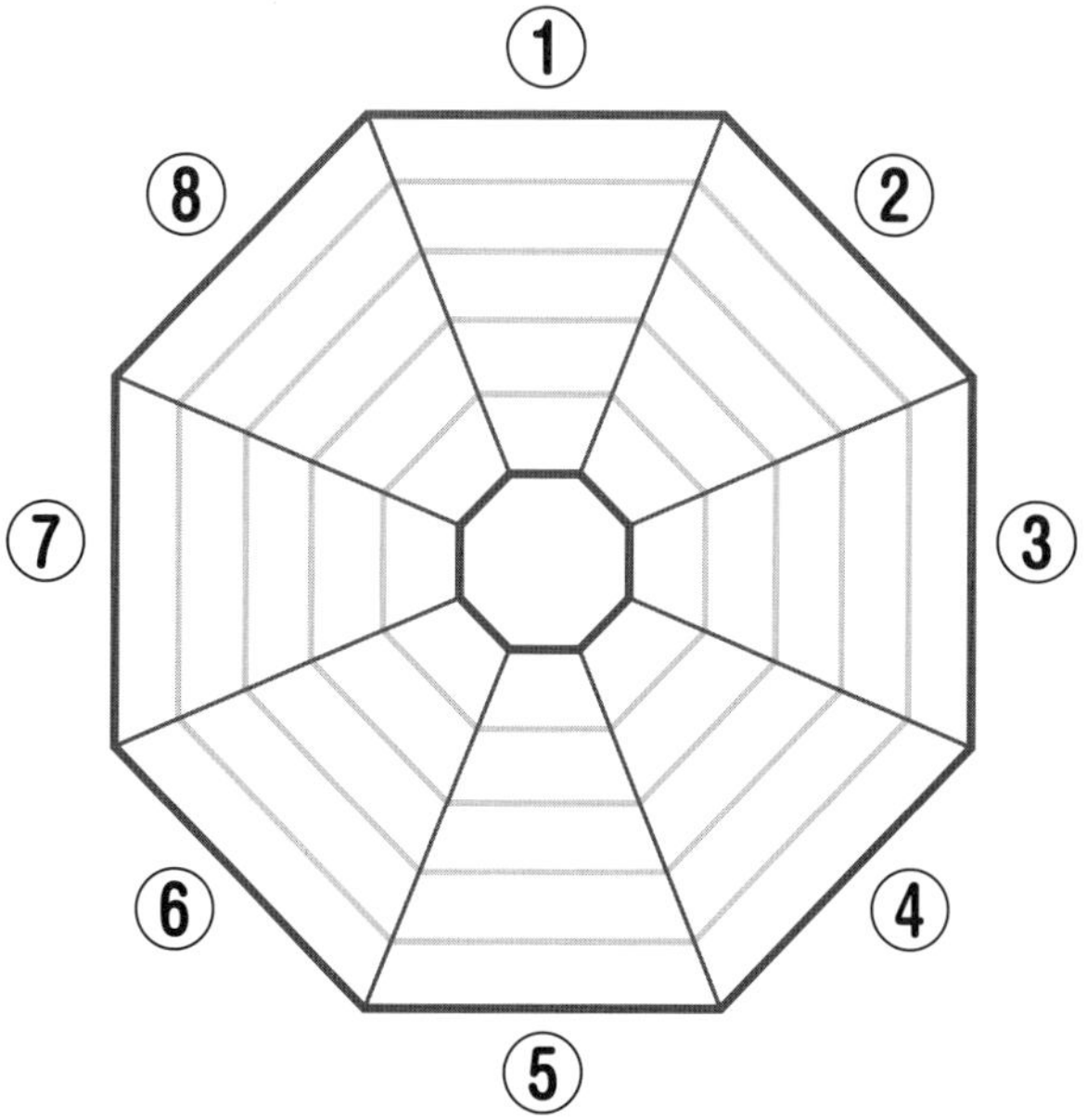

『　対象となる場所
　　対象となる相手の　＿＿＿＿＿＿＿＿　タイプ』

まとめ

八角形サイクルシートを書き込み、見える化し、目標を達成するため行動する。これを繰り返し、経験を積み重ねていくことで、幸せな人間関係をつくるために欠かせない「伝え力」が身につきます。「伝え力」を養うということは、人に何かを伝えるための小手先のテクニックやコツを習得することとは違います。「伝え力」はあなたの魅力・人間力を高め、運命を変えるために役立つ力です。この力を身につけ、あなたの理想とする〝しあわせのかたち〟をつくりだすために、本書と八角形サイクルシートを役立てていただければ幸いです。

※次のページを切り離し、コピーして使用する、もしくはＱＲコードからＰＤＦファイルのダウンロードも可能です。

https://floralpublish.com/hakkakusheet.pdf

① 分析

② 目標

③ 勉強

④ 検証

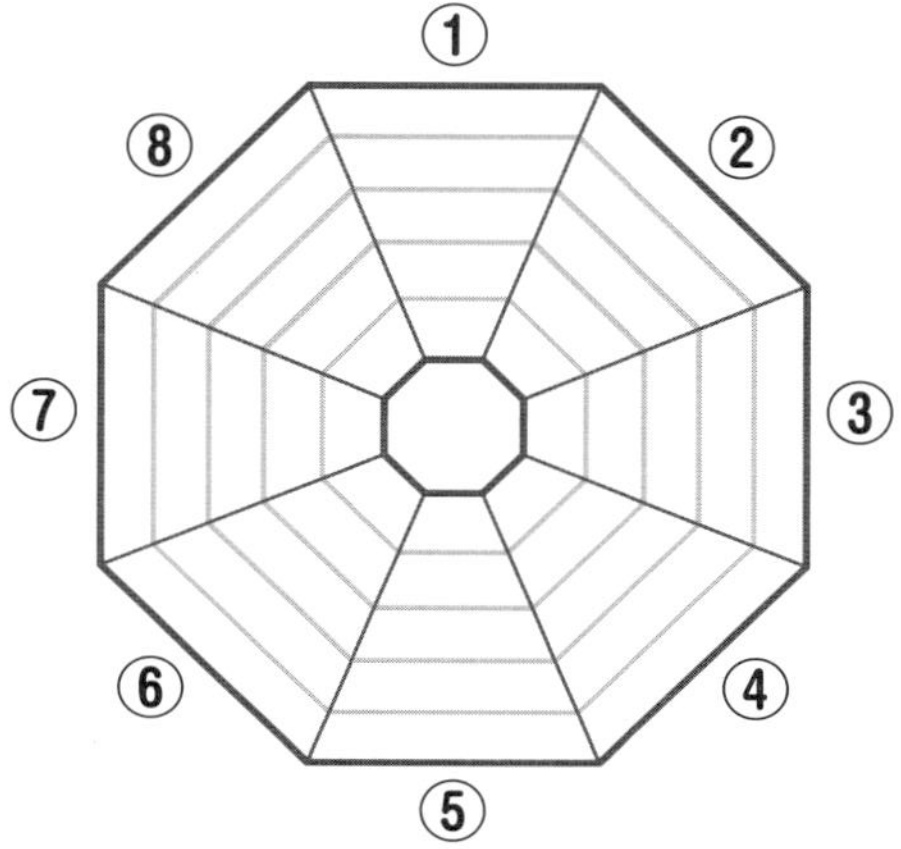

『＿＿＿＿＿＿タイプ』

⑤ ハラオチ

⑥ 人を知る

⑦ 伝える

⑧ 引き寄せ

著者プロフィール

大西 慎也　おおにし しんや

株式会社八角代表取締役社長。

1975年兵庫県加古郡出身。高校中退後にかねてから憧れていた飲食店業界に飛び込み、17歳で父が経営する居酒屋の店長となる。1994年には会社の業績が落ち込み、家を手放すところまで追い込まれ、すぐにお金が必要となり、状況を変えるためにラーメン屋台「らーめん八角」を立ち上げる。2000年には有限会社八角を設立。その後お好み焼き業態の「うまいもん横丁」、食堂業態の「銀シャリ ぱっぱ屋」、たこ焼き業態の「たこの壺」などを展開する。その後も兵庫県内で拡大を続け、2006年には運営会社株式会社エルエイトの代表取締役に就任。2010年には株式会社八角へと改組。2012年9月に現職に就任した。現在は「社長を育てる」をミッションとし、日々奮闘している。

著書に『手作り屋台が生んだ「やりすぎ」飲食店――19歳、借金1億円からの大逆転』(ダイヤモンド社)『諦めそうになった時に読む本 ～逆境でも決して折れない思考法～』(幻冬舎)がある。

八方良し"しあわせのかたち"は八角形がちょうどいい

発行日　2023年2月26日　第1刷発行

著者　大西 慎也（株式会社八角 代表取締役）

発行者　津嶋栄
発行　株式会社フローラル出版
〒163-0649　東京都新宿区西新宿1-25-1
新宿センタービル49F +OURS内
TEL　03-4546-1633（代表）
TEL　03-6709-8382（代表窓口）
注文用FAX　03-6709-8873
メールアドレス　order@floralpublish.com
出版プロデュース　株式会社日本経営センター
出版マーケティング　株式会社BRC
企画・編集　霜鳥陽一
印刷・製本　株式会社 ティーケー出版印刷

Printed in Japan
ISBN978-4-910017-28-0 C2034